근사록

가까운 곳에서 찾은 사람의 길

청소년 철학창고 23
근사록 가까운 곳에서 찾은 사람의 길

초판 1쇄 발행 2010년 6월 30일 | 초판 3쇄 발행 2020년 9월 10일

풀어쓴이 안은수
펴낸이 홍석 | 기획 채희석 | 이사 홍성우
편집 유남경 | 표지 디자인 황종환 | 본문 디자인 서은경
마케팅 이가은·이송희 | 관리 김정선·정원경·최우리
펴낸곳 도서출판 풀빛 | 등록 1979년 3월 6일 제8-24호
주소 03762 서울시 서대문구 북아현로 11가길 12 3층
전화 02-363-5995(영업), 02-362-8900(편집) | 팩스 02-393-3858
홈페이지 www.pulbit.co.kr | 전자우편 inmun@pulbit.co.kr

ISBN 978-89-7474-555-4 43150
ISBN 978-89-7474-526-4 44080 (세트)

이 도서의 국립중앙도서관 출판예정도서목록(CIP)은 서지정보유통지원시스템 홈페이지(http://seoji.nl.go.kr)와
국가자료공동목록시스템(http://www.nl.go.kr/kolisnet)에서 이용하실 수 있습니다. (CIP제어번호: CIP2010002207)

근사록

가까운 곳에서 찾은 사람의 길

주희·여조겸 엮음 | 안은수 풀어씀

'청소년 철학창고'를 펴내며

우리 청소년이 읽을 만한 좋은 책은 없을까? 많은 분들이 이런 고민을 하셨을 겁니다. 그러면서 흔히들 고전을 읽어야 한다고 합니다. 하지만 서점에 가서 책을 골라 보신 분들은 느꼈을 겁니다. '청소년의 지적 수준에 맞춰서 읽힐 만한 고전이 이렇게도 없는가.'라고.

고전 선택의 또 다른 어려움은 고전의 범위가 매우 넓다는 것입니다. 청소년 시기에는 시간과 능력의 한계 때문에 그 많은 고전들을 모두 읽을 수 없습니다. 그렇다면 어떤 책을 읽어야 할까요?

이런 여러 현실적인 어려움을 고려해 기획한 것이 풀빛 '청소년 철학창고'입니다. '청소년 철학창고'는 고전의 핵심이라 할 수 있는 '철학'에 더 많은 무게를 실었습니다. 그 이유는 무엇일까요?

사람들은 일반적으로 철학을 현실과 동떨어진 공리공담이나 펼치는 학문이라고 생각합니다. 하지만 철학적 사고의 핵심은 사물과 현상을 다양하게 분석하고 종합해서 그 원칙이나 원리를 찾아내는 것입니다. 그래서 철학은 인간과 세상에 대해 깊이 있게 생각하고, 논리적으로 종합하는 능력을 키워 줍니다. 그런 만큼 세상과 인간에 대해 눈떠 가는 청소년 시기에 정말로 필요한 공부입니다.

하지만 모든 고전이 그렇듯이 철학 고전 또한 읽기가 쉽지 않습니다. 그래서 '청소년 철학창고'는 청소년의 눈높이에 맞추기 위해 선정에서부터 원문 구성에 이르기까지 많은 노력을 기울였습니다.

첫째, 책을 선정하는 과정에서부터 엄격함을 유지했습니다. 동양·서양·한국 철학 전공자들이 많은 회의 과정을 거쳐, 각 시대마다 동서양과 한국을 대표하는 철학 고전들을 엄선했습니다. 특히 우리 선조들의 사상과 동시대 동서양의 사상들을 주체적인 입장에서 비교하고 검토할 수 있도록 했습니다.

둘째, 고전 읽기의 참다운 맛을 살리기 위해 최대한 원문을 중심으로 구성했습니다. 물론 원문 읽기의 어려움을 해결하기 위해 새롭게 번역하고 재정리했습니다. 그리고 청소년이라면 누구나 어렵지 않게 읽으면서 고전이 주는 의미와 내용을 이해할 수 있도록 설명을 덧붙였고, 전체 해설을 통해 저자의 사상과 전체 내용을 다시 한 번 정리해 주었습니다.

마지막으로 쉬운 것부터 읽기 시작해 점차 사고의 폭을 넓혀 가도록 난이도에 따라 세 단계로 구분했습니다. 물론 단계와 상관없이 읽고 싶은 순서대로 읽어도 됩니다.

우리 선정위원들은 고전 읽기의 진정한 의미가 '옛것을 되살려 오늘을 새롭게 한다(溫故知新).'는 데 있다고 생각합니다. '청소년 철학창고'를 통해 자라나는 청소년들이 인간과 사물에 대한 깊은 통찰력을 키워, 밝은 미래를 열어 나갈 수 있기를 진정으로 바랍니다.

2005년 2월

선정위원　허우성(경희대 교수, 동양 철학)　　　윤찬원(인천대 교수, 동양 철학)
　　　　　정영근(서울산업대 교수, 한국 철학)　허남진(서울대 교수, 한국 철학)
　　　　　이남인(서울대 교수, 서양 철학)　　　한자경(이화여대 교수, 서양 철학)

들어가는 말

《근사록(近思錄)》은 중국 중세의 큰 유학자이며 주자학을 완성했던 주희(朱熹, 1130~1200)와 그의 동료 여조겸(呂祖謙, 1137~1181)이 그들의 사상에 많은 영향을 주었던 선배 유학자 네 명의 의견을 주제별로 모아 놓은 책이다. 중국 송나라 때에 주희가 완성시킨 주자학은 그 이전의 유학과 다른 이론 체계를 보여 주었다고 해서 '신유학'으로, 송나라 때의 유학이므로 '송학'으로, 인간의 본성(性)이 바로 대자연의 원리(理)와 같다는 이론이므로 '성리학'으로도 불린다. 그리고 주자가 직접 편집한 이 책은 주자학의 입문서로 잘 알려져 있다.

《근사록》에서는 네 명의 유학자들이 했던 말을 소개함으로써 사람이 사람답게 살아갈 수 있는 하나의 방식을 보여 주고자 했다. 그러나 어떤 것이 사람다운 삶의 방식인가는 시간과 공간에 따라 다소 차이가 있기 마련이다. 그러니 우선은 《근사록》이 지금으로부터 800여 년 전의 작품임을 고려해야 한다. 당연히 오늘의 우리가 그대로 받아들일 수 없는 내용이 적지 않을 것이다. 이것은 어떤 고전의 경우에도 마찬가지다. 따라서 어떤 부분은 오늘의 눈으로 재해석해야 할 것도 있을 것이고, 어떤 것은 받아들일 수 없는 부분도 있을 것이다. 그러나 이 책이 오늘의 우리에게 여전히 시사하는 바가 많다고 확신하기에 오늘의 화제로 삼는 것이다. 우리는 이 책에서 공정함을 지키고자 했고 정의를 목숨만큼 귀하게 여긴 사람들의 의식을 읽어낼 수 있다. 그리고 이들이 일상의 작은 문제조차 소홀히 하지 않았던 사실도 알 수 있다. 이를 통해 우리는 사람다운 삶의 한 전형을 볼 수 있을 것이다.

이 책에서는 모두 14권으로 구성된 《근사록》 가운데 오늘날에도 중요한 시사점이 있는 내용들을 간추려 우리말로 번역한 다음, 각각의 항목에서 화두로 삼을 수 있는 바를 제시했다. 800여 년 전 사람들과의 대화가 얼마만큼 통할 수 있는지 가늠해 보는 재미도 만만치 않을 것이다. 그러기에 책의 내용을 학술적으로 풀어내기보다는 우리의 일상적 삶에 자극이 될 만한 소재들을 찾아보는 데 중점을 두었다.

수백여 년의 시차를 극복하고 서로 공유할 수 있는 내용을 발견하는 일은 재미있고 신기한 일인 동시에 그만큼 더 깊이 있는 의미를 지닌다. 그러나 그 이야기들이 고전어로 쓰여 있는 만큼 내용을 잘 이해하기 위해서는 다소의 노력과 인내가 필요한 것도 사실이다. 칠십대 노인과 십대 청소년이 소통하는 데에도 수많은 장애가 있는데 하물며 그 차이가 800여 년이 아닌가! 그럼에도 불구하고 주의 깊게 문장을 살피고 이야기를 파악해 가다 보면 무릎을 치며 공감하는 순간들이 찾아 올 것이다. 우리가 이러한 공감의 순간과 기쁘게 만날 수 있기를 기대한다.

2010년 6월
안은수

❀《근사록》의 이해를 돕는 길잡이

1. 《근사록》의 구성과 특징

하나. 책 이름의 상징 – 문제의 답은 가깝고 쉬운 일상에서 찾을 수 있다

앞서 말했던 것처럼 《근사록》은 중국 송나라 때의 유학자 주희와 여조겸이 공동으로 편집한 책이다. 이 책의 내용은 두 사람의 창작으로 이루어진 것이 아니라, 선배 유학자들의 글 가운데 공부에 유익하다고 판단한 것들을 주제별로 모아 놓은 것이다. 이들은 사람들이 유학(특히 신유학, 주자학)을 처음 공부할 때 도움을 줄 수 있는 입문서를 제공하고자 이 책을 만들었다. 책 이름인 '근사(近思)'는 '가깝고 쉬운 것에서부터 생각해 본다.'라는 의미로, 이 말의 출전은 《논어》이다. 《논어》〈자장〉의 제6장에는 "널리 배우지만 뜻은 돈독하게 하고 간절하게 질문하면서 가까운 일에서 생각해 보면, 인(仁)이 그 속에 들어 있다(博學而篤志, 切問而近思, 仁在其中矣)."라는 말이 나온다. 이는 유학 사상의 핵심 원리인 인(仁)은 고고하고 어려운 가치가 아니라 일상 어디에서든 찾을 수 있는 것임을 설명하는 문장인데, 여기에서 '근사'라는 말을 가져왔다.

이제 이 책의 이름을 통해서 우리는 편저자들이 하고 싶은 말을 헤아릴 수 있다. 즉 유학의 이론과 체계, 그리고 그 메시지는 나와 가까운 데서 찾을 수 있는 것이기 때문에 뜬 구름 잡는 식의 공허하고 현학적인 방법을 따를 필요가 없음을 의미하는 것이다.

유학 사상은 중국 춘추 시대의 공자에서 비롯된다. 기원전 5세기 무렵의 일이니 지금으로부터 2,500여 년 전에 출현한 사상이다. 매일 새로운 물건들이 쏟아져 나와 신제품이 곧 구식이 되어버리는 오늘날에도 여전히 그 오래된 이야기가 전해지고 있다는 사실은 참으로 놀라운 일이다. 그러기에 우리는 동서양의 주요 사상과 그것을 담고 있는 고전에는 시공을 초월해 보편적으로 존재하는 어떤 것이 들어 있음을 알 수 있다. 아무리 세월이 변해도 인간이라는 종(種)에게 적용되는 진실이 그 안에 녹아 있는 것이다. 2,000년 뒤에도 통할 수 있는 제품이라니, 이 얼마나 신기한 일인가!

유학 사상의 핵심은 인(仁)이고 그것은 곧 사랑을 말한다. 오경(五經) 중의 하나인 《주역(周易)》에는 "이 세상의 가장 기본적인 원리는 살리는 정신[天地之大德曰生]"이라는 말이 있다. 공자는 이것이 바로 사랑의 핵심을 설명하는 내용이라고 해석했다. 그러니까 공자가 말하는 사랑은 나만이 아니라 상대방 또한 잘 살 수 있도록 배려하는 행위인 것이다. 오늘날 특히 강조되는, 서로가 잘 되도록 배려해서 결국 상생하는 원원(win–win)의 마인드가 바로 공자가 설파한 사랑의 핵심이었던 셈이다. 친구, 가족, 동료, 사회, 국가의 모든 관계가 서로를 살릴 수 있는 관계가 되도록 배려하는 장치가 바로 공자가 말하는 인, 즉 사랑이다. 이러한 상생의 정신이 그 사상의 알맹이로 들어 있기에 유학 사상은 앞으로도 그 생명력을 유지할 수밖에 없을 것이다.

사랑이라는 추상 명사는 현실의 관계에서 적용되어야 비로소 그 가치와 의의가 드러난다. 예컨대 마음 아픈 친구의 손을 가만히 잡아 주는 구체적 모습에서 우리는 사랑의 존재를 실감할 수 있다. 그런 면에서 사랑을 강조하는 유학 사상은 실천을 중시할 수밖에 없다. 나를 닦고 다른 이를 다스리는 수기치인(修己治人)은 유학 사상의 실천 방법을 한마디로 요약한 것이다. 나를 사랑하고 남을 사랑하고! 나를 사랑하는 방식을 찾고 관계를 건강하게 하는 방식을 찾고! 나를 사랑하는 데에서 시작해 다른 모든 사람과 자연까지도 아우를 수 있는 넓은 품을 만들어 가는 것! 가까운 데서 시작해 나와 연결되어 있는 우주 자연의 끝에까지 관심의 폭을 넓혀가는 것! 그렇게 해서 모든 존재들이 잘 어우러지는 대동(大同)의 세상을 지향하자는 것이 유학 사상의 메시지다.

이런 공자의 사상은 시대가 변하면서 그 모습을 달리하며 발전했다. 열강들의 다툼이 그치지 않았던 춘추 전국 시대에는 그에 어울리는 사랑법이 있었을 것이고, 유비쿼터스 환경(ubiquitous, 어디서나 어떤 기기로든 자유롭게 통신망에 접속해서 온갖 자료들을 주고받을 수 있는 환경)을 선전하는 오늘의 사랑법은 이전과 다른 형식을 요구할 것이다. 이렇게 시간의 흐름에 따라 적절한 실천 방식을 찾아가라는 가르침을 '시중(時中)'이라는 개념에서 배운다. 시중이란 '그때에 가장 적절한 방식을 선택한다.'라는 의미다. 여하튼 공자의 시대로부터 1,500여 년 뒤인 중국 송나라 시대에 살았던 주희[朱子, 1130~1200]는 이전과 다른 형식의 이론을 보강해 자기 시대와 서로 어울리는 새로운 유학을 세웠다. 기존의 유학을 시중의 가르침에 따라 자기 시대에 꼭 맞는 유학 사상으로 재탄생시켰던 것이다. 이를 위한 노력은 주희 이전에 시작되었지만, 주희에 의해 완성되었기 때문에 이 시대의 새로운 유학을 그의 이름을 따서 '주자학'이라고 부른다.

주자학이 성립된 것은 유학 사상의 역사에서 대단히 큰 사건이었다. 춘추 전국 시대에 공자와 맹자, 순자 등에 의해 유학 사상이 틀을 갖추고 그 영향력을 사회에 떨친 이후 한동안 유학 사상은 중국 사회의 주도적 사상이 되지 못했다. 한나라 무제 이후 정치가들 사이에서 중요하게 다루어졌지만 이 때의 유학은 사상의 발전이라는 측면보다 정치적 응용이라는 측면이 강조되었다. 위진 남북조 시대와 수나라·당나라 때 유행했던 사상은 노장 사상과 불교 사상이었다.

주자학은 이러한 사상계의 흐름을 일신하는 계기가 되었다. 다시 유학이 중국 사회의 전면에서 논의되기에 이른 것이다. 그래서 주자학을 새로운 유학이라는 의미에서 '신유학'이라 부르기도 하고, 송나라 때의 유학이라는 뜻에서 '송학'이라고도 한다. 그 이론의 핵심이 '인간의 본성이 곧 우주의 원리[성즉리(性卽理)]'임을 강조했다는 데서 성리학이라는 명칭도 붙여졌다. 그러니까 주자학=송 대 유학=신유학=성리학은 모두 12세기경 유학의 새로운 사조를 가리키는 명칭이다. 이 시기 이후 중국 유학은 주자학의 영향 아래 있게 되었고, 특히 조선 시대에는 주자학을 수입해서 그것을 우리식으로 수용하고 소화하는 역사를 만들었다. 그래서 우리 문화에서 주자학이 갖는 의미는 남달리 클 수밖에 없다.

시대에 따라 유학 사상의 형식은 그 모양을 달리했지만 그 안에 들어 있는 본질은 변함이 없었다. 그 본질이란 바로 '사랑'의 정신이며 이를 통해 서로를 살리는 건강한 관계를 만들어 가자고 제안했던 것이다. 동서양의 많은 현인들이나 다양한 사상에서 사랑을 주장하고 있지만 각자가 설명한 사랑의 정의에는 공통점과 독자성이 있을 것이다. 유학 사상의 독자성은, 도덕적 건강함을 기초로 한 사랑이야말로 나와 대상을 진정으로 배려하는 사랑이라고 주장한 데서 찾아볼 수 있다.

교실에 떨어진 휴지를 주워 쓰레기통에 넣는 작은 행위는 우리 교실의 환경을 바꾸는 첫걸음이며, 교실의 환경은 그 안에 사는 우리의 마음을 평화롭게 혹은 어지럽게 만드는 바탕이 될 수 있다. 환경이 아름다우면 그 안에 사는 사람의 마음도 평화롭고 마음이 평화로우면 주변을 돌아볼 수 있는 여유가 생겨 서로를 배려하는 마음의 길이 열릴 수 있다는 가정이 가능하지 않겠는가!

《근사록》에는 이러한 유학의 메시지가 송나라라는 시대를 배경으로 제시되었다고 할 수 있다. '당말 오대'라 불리는 당나라 말의 혼란기를 거쳐 태어난 송나라는 몇 가지 면에서 이전 시대와 다른 국가였다. 우선 송나라 태조인 조광윤은 절도사 출신의 왕이었다. 그런데 당나라 때까지 중국의 정치 체제는 귀족이 관료의 중심이 되는 사회였다. 따라서 절도사인 무장이 국가 권력을 차지했다는 것은 세상이 한 번 뒤바뀐 형국이라 할 수 있다(마치 우리나라의 이성계가 조선의 왕이 되었던 사실과 비슷한 일이었다). 무장 출신으로 새로운 권력을 갖게 된 송 태조는 새로운 체제에 맞는 새로운 사람들과 사상을 필요로 했다. 다른 한편 이 시기는 요나라·금나라 등 북방 민족이 중원을 침략하려는 욕심을 적극적으로 보인 시기이기도 했다. 송나라 다음 왕조인 원나라 시대에는 결국 한족이 아닌 북방 민족이 정권을 잡게 되었던 것에서도 알 수 있듯이 송나라는 외침의 위기에 시달렸다.

이와 같은 내우외환의 시대를 맞아 새롭게 등장한 사람들이 사대부라 불리는 사람들이었다. 이들은 이전까지 유행했던 불교 사상으로는 시대의 혼란함을 다스릴 수 없다고 주장하고 현실 문제에 적극적으로 대처하라는 가르침인 유학을 시대의 사상으로 내세워야 한다고 주장했다. 그리고 이들은 송 태조가 새롭게 개정한 과거제를 통해 국가의 중요 직책에 등용된 관료들이기도 했다. 신유학을 담당했던 사람들은 바로 이들 사대부들이었다. 그러니까 송나라의 사대부들은 학자이면서 동시에 관료였던 계층이었다. 신유학은 이러한 역사적 배경 아래서 새로운 시대에 어울릴 수 있는 사상으로 내놓아진 것이었다.

《근사록》의 초점은 유학의 기본 정신인 사랑의 원리는 가깝고 쉬운 일상의 일들 안에 들어 있다는 것이다. 그리고 무엇보다 중요한 것은 그것을 머리로 아는 것이 아니라 실천을 해야 하는 것인데, 보편적인 원리를 이해하고 나면 그 사랑을 더 잘 실천할 수 있다는 가르침이다. 그래서 주자학은 일상의 실천과 그 안에 들어 있는 이치가 직결되어 있다는 구조를 논리적으로 설명하는 데 그 특징이 있다.

둘. 책의 구성

1. 《근사록》은 북송 시대의 대표적 유학자 네 사람의 말과 글로 이루어졌다. 그 네 사람은 주돈이(周敦頤, 1017~1073), 정호(程顥, 1032~1085), 정이(程頤, 1033~1107), 장재(張載, 1020~1077)다. 주희와 여조겸은 이들 네 사람의 저작 가운데 처음 학문의 길로 나아가는 사람들을 위해 학문의 요점과 일상생활에서 반드시 실천해야 할 내용을 발췌해 한 권의 책으로 편집한 것이다. 이 책은 총 14권 622조목(條目)으로 구성되었다. 14권의 주제는 다음과 같다.

① 도의 본체[도체(道體)]

② 공부의 요점[위기지학(爲學之學)]

③ 앎을 이룸[치지(致知)]

④ 잘 보존하여 성장하게 함[존양(存養)]

⑤ 힘써 행함[역행(力行)]

⑥ 집안을 운영하는 방법[제가(齊家)]

⑦ 처세[출처(出處)]

⑧ 다스림의 원리[치도(治道)]

⑨ 다스리는 법도[치법(治法)]

⑩ 정치[정사(政事)]

⑪ 교육[교학(敎學)]

⑫ 경계(警戒)

⑬ 이단을 변별하는 방법[변이단(辨異端)]

⑭ 성현을 본받는 것[관성현(觀聖賢)]

2. 주희는 《근사록》 서문에서 총 14권의 내용을 크게 6가지로 분류해 핵심 내용을 밝혀 놓았다. 그 내용은 다음과 같다.

① 단서를 찾는 방법[求端]: 도의 본체를 논함[道體]을 통해 근본 원리를 이해하는 방식을 설명했다.

② 공부하는 방법[用功]: 공부의 요점[爲學之要], 앎을 이룸[致知], 잘 보존해서 성장하게 함[存養]을 통해 공부하는 방법을 설명했다.

③ 스스로 처신 하는 법[處己]: 힘써 행함[力行], 집안의 도[家道], 처세[出處] 등으로써 인간관계와 사회생활을 바람직하게 꾸려 나가는 법을 논했다.

④ 남을 다스리는 법[治人]: 다스림의 본체[治體], 다스리는 법도[治法], 정치, 교육, 경계를 통해 정치와 교육 등의 활동에 대해 논했다.

⑤ 이단을 변별하는 방법[辨異端]: 정의와 정의롭지 못한 것을 분명히 구분해야 함을 강조했다.

⑥ 성현을 본받는 것[觀聖賢]: 이상적인 인간상을 보여준 성현을 모델로 삼을 것을 논했다.

그런데 이 책에서는 오늘의 독자들이 《근사록》을 이해하는 데에 도움을 줄 수 있는 맥락에서 내용을 재구성해 보았다. 우선 《근사록》 14권을 4개의 큰 주제로 묶었다. 제1편 〈단서를 찾는 법〉에서는 《근사록》의 1권인 도의 본체를 다루었고, 제2편 〈공부하는 방법〉에서는 《근사록》의 2권 공부의 요점, 3권 앎을 이룸, 4권 잘 보존하여 성장하게 함을 다루었으며, 제3편 〈처세하는 법〉에서는 《근사록》의 5권 힘써 행함, 6권 집안을 운영하는 방법, 7권 처세를 다루었고, 제4편 〈남을 다스리는 법〉에서는 《근사록》의 8권 다스림의 원리, 9권 다스리는 법도, 10권 정치, 11권 교육, 12권 경계, 13권 이단을 변별하는 방법, 14권 성현을 본받는 것을 각각 다루었다.

이와 같은 4개의 큰 주제 아래 달린 작은 제목들은 《근사록》 각 권의 주제와 연관하여 핵심이 될 수 있는 내용들로 새로 정했다. 그리고 오늘의 실정에서 너무 이해하기 어려운 내용들은 싣지 않거나 부분적으로 생략하기도 했다. 그러나 책의 큰 뜻을 다치지는 않도록 배려했다. 이 책이 우리 전통 사유의 중요한 부분을 차지하는 유학 사상을 이해하는 데 징검다리 역할을 할 수 있었으면 좋겠다.

3. 《근사록》이란 책 이름이 상징하듯이 이 책은 일상생활에서 누구나 쉽게 접하는 다양한 문제들에 대해 다루었다. 그러나 책의 구성에서 보이는 것처럼 가장 첫 편에서 원리의 문제를 다루고 있다. 원리는 눈에 보이지 않는 추상적인 것이다. 그렇다면 왜 쉬운 문제로부터 시작하지 않고 굳이 눈에 보이지 않는 문제로 그 출발을 삼았을까?

주자학자들의 설명에 따르면 우리가 경험하는 모든 존재나 상황 안에는 그 존재나 상황이 그렇게 되도록 하는 원리가 내재되어 있다고 한다. 자동차에는 공간 이동이라는 원리가 있고, 컵은 물을 담는 것이라는 원리가 들어 있다는 뜻이다. 그런데 그 원리들이 자동차나 컵을 떠나서 존재할 수 없는 것처럼 눈에 보이는 현실의 존재와 상황 안에 이미 그 원리가 들어 있다. 그러니까 원리(본성)와 현상은 현실적으로 항상 같이 존재하는 것이다. 자동차의 이동 원리를 이해하면 자동차를 더 잘 이용할 수 있고, 컵의 원리를 알면 그 용도를 충분히 살릴 수 있는 것처럼, 원리를 이해하는 것은 상황을 장악할 수 있다는 것이다.

그래서 일상의 작은 일이라도 그 안에 들어 있는 원리를 파악하는 것은 요긴한 일이다. 따라서 책의 앞에 '원리를 파악하라.'는 메시지를 둔 것이다. 그 다음의 내용들은 모두 구체적인 현실의 문제들을 다루었다.

셋. 《근사록》에 등장하는 네 사람

1. 주돈이(周敦頤, 1017~1073)

중국 북송의 유학자. 도가 사상의 영향을 받았으며 후에는 새로운 유학의 이론을 세웠다. 자는 무숙(茂叔)이고, 염계(濂溪) 선생이라 불린다. 정치가로서는 이십여 년 동안 현(縣)의 장(長)에서부터 각 주(州)의 판관에 이르기까지 여러 직책을 두루 역임했다. 그는 사람들에게 지나치게 가혹했던 당시의 형벌과 법률을 비판했으며, 나쁜 질병이 유행하는 궁벽한 지역까지 찾아가 억울하게 누명을 쓴 사람들을 변호했다고 한다. 학자로서는 《태극도설(太極圖說)》과 《통서(通書)》를 지어 송나라 시대의 새로운 유학이 형성되는 기초를 세웠다.

그는 《주역》과 도가 사상을 계승해 태극(太極) — 음양(陰陽) — 만물로 이어지는 우주론을 구성했는데 이는 신유학의 형이상학적 관점에 큰 영향을 주었다. 그는 인간을 만물 가운데 가장 뛰어난 존재로 보고, 성인은 태극을 본받아 인극(人極)을 세웠다고 했다. 인극은 곧 성실함[誠]이고 그 성실함은 오상(五常, 다섯 가지 덕으로, 마음이 너그럽고 착함[仁], 떳떳함[義], 예(禮), 지혜[智], 신의[信]를 말함)의 근본인데 성실함에 도달하기 위해서는 마음을 고요하게 하는 공부인 주정(主靜)과 사사로운 욕심을 제거하는 공부인 무욕(無欲)이 필요하다고 했다. 주돈이의 사상은 주자학의 우주 본체론에 많은 영향을 주었다.

2. 정호(程顥, 1032~1085)

중국 북송의 유학자. 자는 백순(伯淳), 명도(明道) 선생이라 불린다. 신종(神宗, 1048~1085, 중국 북송의 제6대 황제) 때 관직을 받았지만 왕안석(王安石, 1021~1086, 중국 북송의 정치가이자 학자, 당송 팔대가의 한 사람으로 부국강병을 위한 신법(新法)을 제정해 실시함)의 신법에 반대해 낙향 후 교육에 전념했다. 온화하고 넓은 인품의 소유자로 정평이 나 있다. 그는 만물일체관(萬物一體觀)에 입각해서 천지가 만물을 생성하고 성장시키는 생명력을 체험하고자 했다. 또한 그는 인(仁)을 인식하는 것을 학문의 목적으로 삼았고, 성실함[誠]과 경건함[敬]을 특히 강조했다. 저술로는 《정성서(定性書)》, 《식인편(識仁篇)》이 있는데 이는 동생 정이의 저술과 함께 편집된 《이정전서(二程全書)》 안에 들어 있다.

3. 정이(程頤, 1033~1107)

중국 북송의 유학자. 자는 정숙(正叔), 이천(伊川) 선생이라 불린다. 형 정호와 함께 주돈이에게서 배웠고, 형과 함께 이정자(二程子)로 불리며 리(理) 중심의 철학을 세웠다. 북송 철종 초에 사마광(司馬光, 1019~1086, 중국 북송 때의 학자이자 정치가) 등의 추천으로 교수가 되었으며, 이후 몇몇 관직을 받았으나 왕안석 등과 뜻이 맞지 않아 당파 싸움으로 피해를 입고 귀향 갔던 일도 있다.

그가 '본성(性)이 바로 리(理)[성즉리(性卽理)]'라고 설명한 것은 주자학의 골격을 이루는 데 결정적인 영향을 주었다. 저술로는 《역전(易傳)》, 《안자소호하학론(顏子所好何學論)》 등이 있으며, 형의 저술과 함께 《이정전서》에 들어 있다.

4. 장재(張載, 1020~1077)

중국 북송의 유학자. 자는 자후(子厚), 횡거(橫渠) 선생이라 불린다. 장재는 기(氣) 중심의 철학을 주장했다. 그는 기가 만물의 구성 요소이며 변화의 근원이라 생각해서 기 중심의 생성론과 존재론을 폈다. 이러한 관점은 기의 존재 근원으로 리(理)를 생각했던 정이와는 다른 세계관을 보여 주는 것이다. 정이와 장재의 사상은 모두 주희의 주자학 형성에서 주요한 두 줄기의 사상 자료가 되었다. 또 장재는 인성론에서 사람의 본성을 천지지성(天地之性, 사람이 본래부터 지니고 있는 심성)과 기질지성(氣質之性, 후천적인 심성)으로 구분함으로써 주자학 인성론의 기초를 제공해 주었다.

저서로《정몽(正蒙)》,《경학이굴(經學理窟)》등이 있는데 이는《장자전서(張子全書)》에 들어 있다.

2. 개념과 용어 해설

여기서는《근사록》에 많이 나오는 주자학의 개념과 용어를 미리 설명해 독자들의 편의를 돕고자 한다. 본문을 읽으면서 해당 개념이 나왔을 때 다시 찾아보기 쉽도록 소개하는 순서를 가나다순으로 배치했다.

1) 기질지성(氣質之性): 주자학에서 사람의 개별성을 설명하는 용어로 천지지성(天地之性) 또는 본연지성(本然之性)과 상대되는 개념이다.

주자학자들의 설명에 의하면 사람들은 누구나 기질지성과 본연지성을 함께 지니고 태어난다고 한다.

주자학에서는 모든 존재는 리(理, 보편적이며 공통적인 것)와 기(氣, 개별적이고 특수한 것)의 결합에 의해 만들어진다고 설명한다. 리와 연결된 것이 본연지성이라면 기질지성은 기와 연관된 성향이다. 예컨대 사람이 사람이라는 동일한 종에 속하도록 하는 것은 '리'이지만, 박태환과 김연아가 서로 다른 성질을 지닌 것은 '기' 때문이다. 기가 지닌 맑거나 탁하고, 상승하거나 하강하고, 확장하거나 수축하고, 순수하거나 섞여 있는 등의 다양한 성향 중에 어떤 것을 많이 받았는가에 따라 그 사람의 독특한 성향이 형성되는 것이고 그것 역시 나면서부터 결정되는 것이라 보았다. 즉, 기질지성은 기와 연관해서 형성된, 선천적으로 타고난 인간의 개별적 성향을 말한다.

2) 성(性): 사람이나 사물의 본성을 가리킨다. 주자학자들은 사람의 본성은 완전하고 선하다고 정의한다.

인간의 본성이 선한가, 악한가의 문제는 예로부터 철학의 중요한 주제가 되었다. 고대 유학자인 맹자는 인간의 본성이 선하다는 성선설을 주장했고, 순자는 인간의 본성이 악하다고 해서 성악설을 주장했다. 글자로만 보면 이들이 반대의 주장을 한 것처럼 보이지만 실은 그렇지 않다. 맹자는 사람이라면 누구나 도덕적으로 선한 행동을 하고자 하는 마음을 타고나는데 그것이 바로 본성이고 따라서 본성은 선하다고 했다. 순자는 인간은 나면서부터 좋은 것을 갖고 싶고 맛난 것을 먹고자 하는 등의 성향이 있는데 그렇기 때문에 본성에 따른다면 투쟁이 끊이지 않을 수밖에 없다고 해서 성악설을 주장했다.

맹자는 착한 본성과 함께 물질적이며 생리적인 욕구도 타고나는데 그것은 인욕(人欲)이라 정의하고 인욕 때문에 착한 본성이 가려져서 사람들이 서로 싸우고 화합하지 못하는 것이라 진단한다. 그래서 인욕을 줄이고 선한 본성을 회복하는 것을 철학의 과제로 삼았다. 반면 순자의 경우, 맹자가 인욕으로 본 것을 본성으로 파악해 이 본성을 고쳐서 착한 마음을 가질 수 있도록 노력해야 한다고 설명한다. 후천적인 학습과 노력을 통해 사람은 착한 행동을 할 수 있다는 말이다.

　두 사람은 인간의 본성이 지닌 동일한 측면을 선과 악으로 구분 지어 설명한 것이 아니다. 인간이 지닌 두 가지 측면, 즉 착한 성향과 인욕 중 어느 것을 본성으로 보았느냐에 따라서 다른 주장을 했던 것이다. 결국 두 사람 모두 인간은 도덕적으로 선한 상태를 지향해야 한다는 실천적 입장에서는 동일한 주장을 했던 것이다.

　주자학자들은 맹자와 순자의 본성론(本性論)에 영향을 받았다. 그런데 본성이 순선하고 완전하다고 정의한 점에서는 맹자의 영향이 크게 작용했다. 이것은 본연지성(천지지성)에 해당한다. 그러나 인간의 본래 성은 본연지성(천지지성)뿐 아니라 기질에 의한 성향인 기질지성도 존재한다고 보아 인간의 본성을 두 가지로 설명한 것이 주자학 본성론의 특징이다.

　3) 성즉리(性卽理): 인간의 본성은 선하고 완전한 것이니 이것이 바로 대자연의 원리인 리(理)와 같다는 말이다. 정이가 주장했고 주희가 적극적으로 수용했던 개념이다. 주자학자들의 이러한 설명 때문에 주자학을 성리학(性理學)이라고도 부른다.

　4) 심(心, 마음): 주자학에서 말하는 심은 사유 기관으로서 감각을 통괄(統括, 개별적인 것을 하나로 묶는 것)한다는 의미를 지니는 매우 독특하고 중요한 개념이다. 인간의 주체성의 핵심도 이 심에서 찾는다. 한 사람의 주인이 되는 기관인 셈이다. 그래서 세상과 사물의 이치를 이해하고 그것을 실천하는 동력은 심의 작용 여하에 달려 있다고 본다. 그러므로 착한 본성을 회복하기 위해서는 마음을 다스리고 정비하는 공부가 무엇보다 중요한 것이라고 주장한다. 여기서 유의할 점은 서양 철학에서 말하는 마음과 주자학에서 말하

는 마음은 다르다는 점이다. 서양 철학에서는 머리(두뇌)에서 사유가 나오고 마음에서 감정이 나온다고 보았으나 주자학에서는 이것을 통합적으로 생각해서 마음에서 사유와 감정을 모두 통괄한다고 본 것이다.

5) 오상(五常): 인(仁)·의(義)·예(禮)·지(智)·신(信)의 다섯 가지 덕목을 가리킨다. 오상은 인간의 선한 본성을 채우고 있는 내면의 덕이다. 인간의 본성은 선한데 그것은 본성이 오상으로 가득 채워져 있기 때문이라는 설명이다. 이 다섯 가지 덕이 현실에서 잘 실현되도록 하는 것이 공부의 궁극적 목적이라 할 수 있다.

6) 음양(陰陽): 기가 가진 두 가지 속성이다.
음은 햇빛을 등진다는 의미고, 양은 햇빛을 향한다는 의미를 지닌 글자다. 이것이 주자학의 용어에서는 기의 특징을 크게 양분해서 설명하는 개념이 된다. 음은 여성적·물러남·부드러움·어두움·포용성 등의 성향을 대표하고, 양은 남성적·나아감·강함·밝음·확장성 등의 성향을 대표한다. 이 두 성향은 하나는 좋고 하나는 나쁜 것이 아니라 서로 조화를 이루면 좋은 것이고 조화를 잃으면 나쁜 것이 된다. 수렴해야(물러나야) 할 상황에서 양이 강하게 작용하면 좋지 않은 것이고, 나가야 할 상황에서 음이 강하게 작용하면 바람직하지 못한 것이다. 강해야 할 때는 양이 주도할 수 있고, 잘 보듬어 주어야 할 상황에서는 음이 주도하는 것이 음양의 조화를 이루는 것이다. 이러한 음양의 상호 작용으로 세상의 존재와 상황은 생성하고 소멸하며 변화하고 발전한다.

7) 의(義): 일의 마땅함·정의를 말한다. 오상 중 하나인데 인의(仁義)라는

말처럼 함께 사용되는 경우도 있고, 의(義) 하나로만 쓰이는 경우도 있다. 주자학을 포함한 유학은 실천을 중시하는 철학이다. 실천이란 사람이 사회와 관계를 맺고 살아가면서 행위로 드러내는 것을 말한다. 그때 행위의 기준이 되는 것이 인과 의다. 특히 정의를 강조할 때에 의를 사용한다.

8) 이기(理氣): 주자학에서 세상을 설명하는 두 개의 기본 범주다.

주자학자들은 리와 기로써 세상의 모든 존재와 상황을 설명한다. 리는 모든 존재와 상황 안에 들어 있는 원리를 말하고, 기는 존재와 상황이 가시화될 수 있도록 하는 물질적 근거다. 리는 보편성을 지녀서 모든 존재나 상황에 내재되어 있는 것이다. 기는 각각의 개별 현상 자체다. 그런데 리는 언제나 현상[氣] 안에 들어 있다. 모든 사람이 오상을 지닌다는 점에서 리의 보편성을 확인할 수 있다. 또 태환이는 비교적 활동적이며 외향적이고 연아는 비교적 내향적이고 비사교적이라는 사람마다의 개별성은 기에 의해 결정된다. 현상(기)과 원리(리)가 떨어져서 존재하는 법은 없다. 그러니 이 세상의 모든 존재는 리와 기의 결합으로 구성되었고, 그 둘은 항상 같이 존재한다고 본다.

9) 인(仁): 유학의 핵심 개념으로 다양한 의미를 지니지만 기본적으로 인간관계의 바탕을 이루는 상호 배려와 상생을 나타내는 내면의 덕이다. 《주역》에는 "세상의 가장 근원적인 원리는 살리는 정신이다."라는 말이 나오는데, 공자는 이것이 바로 인이라고 설명한 바 있다. 상대가 잘 살 수 있도록 배려하는 행동, 이 사회가 건강한 공동체가 될 수 있도록 하는 행동들이 모두 인을 실천하는 길이다. 인에 대한 논의는 유학에서 설명하는 사랑론이라 할 수 있다. 사랑이라는 추상 개념은 현실에서 실현될 때 의미 있게 다가오

는 것처럼 인(仁) 역시 관계 안에서 그 관계를 살리는 상생의 방식으로 구현
되어야 한다고 설명된다.

10) 인욕(人欲): 개인적 욕망으로 기(氣)와 연관해서 생긴다. 그러니 인욕
역시 사람이면 누구나 가지고 있는 성향이다. 이 때문에 천리(天理)를 지닌
사람이지만 악행을 저지를 수 있는 것이다. 사람이 이기적 욕망에 사로잡히
면 천리에 따르는 정당한 행위[인의(仁義), 의리(義理)의 실천]를 무시하고 욕망
을 추구하는 방향으로만 치달을 수 있다. 개인의 욕망 자체가 나쁜 것은 아
니지만, 그것이 과도하게 표출되어 본래의 정의로운 성향을 덮어 버릴 수
있으니 그것이 문제다. 사회의 다양한 혼란상의 원인은 과도한 인욕에서 발
생한다. 따라서 인욕을 조절하고 제어해서 천리의 본성이 감춰지지 않도록
하는 수양이 학문의 주요 목표가 되었던 것이다.

11) 정(情)·칠정(七情): 정은 사람이 표현하고 드러내는 감정 전체를 말
한다. 구체적으로는 칠정이라 해서 기쁨[喜]·노여움[怒]·슬픔[哀]·두려움
[懼]·사랑[愛]·미움[惡]·욕심[欲]의 일곱 가지를 포괄한다. 이기(理氣)로 따지
면 기(氣)의 영역에 속한다. 보편적이고 선한 원리가 현실적으로 드러나는
것은 칠정을 통해서다. 일곱 가지 감정은 모두 의미 있는 것이다. 기쁨은 좋
은 것이고 화내는 것은 나쁜 것이 아니다. 중요한 것은 기뻐해야 할 때에 기
뻐하고, 날카롭게 화를 내야 할 때는 화를 내며, 슬퍼해야 할 때는 진정으로
슬퍼하는 식으로 상황에 적절하게 감정을 드러내는 것이다.

12) 《주역》의 체계와 구성
*《주역》이라는 책: 《주역》은 세상과 인간사의 변화와 그에 대응하는 적

절한 방식을 논한 철학서다. 이 세상의 모든 존재와 상황은 끊임없이 변화하는데, 그 변화는 음과 양이라는 두 요소의 상호 작용으로 구성된다는 이론이 이 철학서의 기본 관점이다. 이 책에서는 세상에서 벌어질 수 있는 변화의 양상을 64괘의 그림으로 모델화 한 다음 각 상황에 대한 설명과 그에 대한 적절한 대응 방식을 설명했다.

*《주역》의 구성: 《주역》은 64괘의 그림과 그 그림을 설명하는 글[경문(經文)+전(傳, 경문에 대한 해설)]로 구성된다.

① 괘와 효: 한 괘는 여섯 개의 효(爻)로 이루어진다. 효에는 음을 상징하는 음효와 양을 상징하는 양효, 이렇게 두 가지 부호가 있다. 음을 상징하는 것은 -- (숫자로는 6)로, 양을 상징하는 것은 ─ (숫자로는 9)로 표시한다. 이 부호가 아래서부터 위로 여섯 개 쌓이면 하나의 괘가 된다. 예컨대 가장 처음 나오는 건괘(乾卦)는 ☰와 같은 모양이다. 괘 전체가 하나의 상황을 설명하는데, 각 효는 그 상황에서의 부분적 영역을 설명한다. 괘가 나타내는 상황은 가장 아래의 효부터 위로 올라가서 여섯 번째 효에서 그 상황이 전체적으로 이루어진다고 설명한다. 예컨대 양효 여섯 개가 모여 만들어진 건괘는 전체적으로 하늘(아버지)을 상징하고, 음효 여섯 개로 만들어진 곤괘는 땅(어머니)을 상징한다고 해석한다.

② 괘사와 효사: 부호의 겹침으로 표시되는 괘는 매우 상징적인 표현이라 해석하기가 어렵다. 그래서 괘를 파악하는 데 도움이 되는 설명을 덧붙이고 있는데 그것이 괘사와 효사다. 말 그대로 괘사는 괘에 대한 설명이고, 효사는 효에 대한 설명이다. 괘사와 효사를 합해서 경문(經文)이라 한다.

③ 십익(十翼): 경문에 대한 해설이다. 괘사와 효사 또한 난해한 부분이 많기 때문에 이에 대한 부연 설명으로 이루어진 10편의 해설이다. 이것을 전(傳)이라 부른다. 십익에는 단전(彖傳) 상·하, 상전(象傳) 상·하, 계사전(繫辭傳)

상·하, 문언전(文言傳), 설괘전(說卦傳), 서괘전(序卦傳), 잡괘전(雜卦傳)이 포함된다.

13) 천(天): 세상의 기본 원리를 하늘[天]이라 한다. 이때의 하늘은 전체의 자연 그 자체를 지시하며, 단순히 눈에 보이는 물리적인 하늘이 아니다. 그리고 세상의 원리인 천은 곧 도(道)이기도 하다. 천과 도는 존재와 상황을 설명하는 가장 근원적인 개념이다. 모든 상황과 존재에게는 보편적인 원리가 내재되어 있는데 그것이 곧 천[道]이다. 그러므로 이 천[道]에 따르는 삶이 가장 완벽한 삶이라 할 수 있다.

14) 천리(天理): 모든 존재가 선천적으로 지닌 본성을 말한다. 선천적이며 보편적이라는 의미에서 천(天)자가 앞에 붙었다. 그 의미는 리(理)와 같다고 보면 된다.

15) 천지지성(天地之性): 선한 본연의 성을 말하며, 본연지성이라고도 한다. 기질지성과 상대되는 개념이다. 사람의 본성을 천지지성(본연지성)과 기질지성으로 설명하는 관점은 주자학의 특징 중 하나다.

16) 체용(體用): 본체와 현상(작용)을 말한다. 체는 근본적이고 내재적인 것이고, 용은 체에 근거한 현실적 작용이다.

17) 태극(太極): 가장 근원적인 원리라는 의미로, 주자학에서는 리(理)와 같은 뜻을 지닌다. 《주역》에서는 "변역(變易, 변화하고 바뀌는 것)하는 데에는 태극의 원리가 들어 있는데 태극이 양의(兩儀)를 낳고, 양의가 사상(四象)을 낳으

며, 사상이 팔괘(八卦)를 낳는다."고 해서 만물이 파생하는 근원으로서 '태극' 이라는 개념이 사용되었다. 즉, 우주 태초의 원리인 태극에서 두 개의 짝을 이루는 양의, 즉 음과 양이 생겼다는 말이다. 양을 대표하는 것은 하늘[天] 이고, 음을 대표하는 것은 땅[地]이다. 이것을 기호로 표시해서 음(--)과 양 (—)으로 나타냈다.

음양은 다시 네 개의 형상인 사상으로 분화된다. 즉, 노양(老陽⚌), 소음 (少陰⚍), 소양(小陽⚎), 노음(老陰⚏)이 바로 그것이다. 여기에 음양이 하나 씩 더해져 팔괘가 완성된다. 하늘[건(乾)☰] 연못[태(兌)☱], 불[리(離)☲], 우 레[진(震)☳], 바람[손(巽)☴], 물[감(坎)☵], 산[간(艮)☶], 땅[곤(坤)☷]이 바로 팔괘다. 주자학자들은 이러한 《주역》의 사상에 따라 태극이 '세계의 근원 적 원리'라고 했다.

| 일러두기 |

1. 이 책은 남송 섭채(葉采)의 《근사록 집해(近似錄 集解)》를 기본 텍스트로 했다.
2. 이 책은 《근사록》 총 14권을 〈단서를 찾는 법〉, 〈공부하는 방법〉, 〈처세하는 법〉, 〈남을 다스리는 법〉 등 4개의 주제로 묶어서 재구성했다.
3. 위 4개의 큰 주제 아래 작은 제목들은 《근사록》 각 권의 주제와 연관하여 핵심이 될 수 있는 내용들로 새로 정했다.
4. 책의 큰 뜻이 변하지 않는 한도 내에서 오늘날 이해하기 어려운 내용들은 싣지 않거나 부분적으로 생략하여 책의 메시지를 파악하기 쉽도록 했다.
5. 유학·주자학의 개념·용어는 우리말로 풀어 쓰는 것을 원칙으로 하고, 필요한 경우 원래 개념·용어를 [ ]안에 나타냈다.

제 1 편

단서를 찾는 법

제 1 편 단서를 찾는 법 -도의 본체[道體]를 논함

　　제1편에서는 이 세상의 근원적 원리와 그것의 양상에 대해 설명하는 내용을 담았다. 유학의 관점에서 하늘(天)은 세상의 근원적 원리다. 이 원리가 만물에 부여되는 측면에서 말하면 명(命)이고 만물이 그것을 받은 측면으로 보면 성(性)이다. 그래서 하늘이 부여한 법칙, 원리라는 의미에서 천명(天命)이라는 개념이 나온다. 이렇게 보면 천명과 만물의 본성은 동일한 원리로 설명할 수 있다. 하늘이 부여한 명에 따라 만물에는 보편적이고 동일한 본성이 존재한다는 의미다. 이것이 바로 천인합일(天人合一, 하늘과 인간이 하나로 합해진다) 사상이다. 따라서 이 편의 주제는 유학의 세계관인 천인합일적 사유에 대한 해석으로 보면 좋을 것이다.

　　그와 같은 근원적 원리로서의 천은 도체(道體)라고 표현할 수 있다. 체(體)와 용(用)은 본체와 작용을 설명하는 한 쌍의 개념이다. 본체는 본질적인 부분을 말하고 작용은 현상적인 측면을 가리킨다. 자연이나 인간을 막론하고 모든 존재는 본질적인 면에서 동일성을 지니지만 현상적으로 개별성을 보이는 것은 용의 측면에서 관찰되는 차이다. 그러니까 체용은 모든 현실적 존재의 보편성과 개별성을 설명하는 방식이다.

　　결국 도의 본체를 파악함으로써 자연과 인간이 단절되지 않고 연관되어 있는 하나의 시스템이라는 점을 확인할 수 있는 것이다. 이러한 천인합일의 관점은 전체 우주 공간의 생명들을 유기적으로 연관된 하나의 망(網)으로 이해하는 오늘날의 생태주의적 관점과 통한다. 이러한 사유를 분명히 보여주는 유가의 경전인 《주역》과 《중용》 등을 해석하는 성리학자들의 언급을 통해 우리는 이러한 사상을 확인할 수 있을 것이다.

1. 우주만물의 생성과 발전: 태극—음양—오행—만물

◎ 염계[주돈이(周敦頤)] 선생이 말했다.

"무극(無極, 우주의 본체인 태극과 같은 의미인데 꼭 집어 표현할 수 없다는 뜻)이면서 태극(太極, 우주 만물의 근원이 되는 실체)이다. 태극(太極)이 움직여 양(陽)을 낳고, 양의 움직임이 극한에 이르면 고요해지는데, 그 고요함이 음(陰)을 낳는다. 고요함이 극한에 이르면 다시 움직이게 되니 한 번은 움직였다가 한 번은 고요해지는 것이 서로 뿌리가 되어 음으로 분화되고 양으로 분화됨으로써 양의(兩儀, 양과 음)가 선다. 양이 변해 음과 합해져 수·화·목·금·토(水火木金土, 오행을 말함)를 낳는다. 이 다섯 개의 기(氣)가 순조롭게 퍼져서 사계절이 운행된다.

오행(五行)은 음양으로 모아질 수 있고, 음양은 태극 하나로 모아지는데 태극은 본래 무극이다.

오행이 생겨날 때 각기 그 본성을 하나씩 갖춘다. 무극의 진실함과 음양오행의 정기가 오묘하게 결합해 뭉쳐서, '하늘의 원리[乾道]는 남자를 이루고 땅의 원리[坤道]는 여자를 이룬다.'(《주역》〈계사전상〉 제1장) 음양의 두 기가 교감해서 만물을 만들어내고 변화시키며, 이로써 만물이 끊임없이 생성되니 그 변화가 무궁하다.

만물 가운데 오직 사람만이 우수함을 얻어 가장 뛰어나다. 사람의 형체가 이미 생겨나면 정신이 지각을 만들어낸다. 이에 오행의 다섯 가지 성향이 사물과 감응해서 선악이 나뉘고 모든 일이 생겨난다.

성인은 중정(中正, 치우침이 없이 곧고 올바름)과 인의(仁義, 어짊과 의로움)로 모든 일을 안정시키고 고요함을 주된 것으로 해서 사람의 표준[人極]을 세웠다. 그래서 성인은 그 덕(德)이 천지와 합치되고, 그 밝음이 해와 달과 같으며, 그 질서가 네 계절과 일치되고, 그 길흉(吉凶, 운이 좋고 나쁨)은 귀신과 합치한다.

군자는 그러한 덕성을 수양하기에 길하고, 소인은 그 덕성을 거스르기 때문에 흉하다.

그러므로 '하늘의 도를 세워서 음과 양이라 하고, 땅의 도를 세워 부드러움[柔]과 굳셈[剛]이라 하며, 사람의 도를 세워서 인과 의라 한다.'(《주역》〈설괘전〉제2장)라고 했고, 또 처음으로 거슬러 올라가 보고 끝을 돌이켜 보기 때문에 죽고 사는 내력을 알게 된다.'(《주역》〈계사전 상〉제4장)라고도 했다.

위대하구나, 역(易)이여! 이것이 그 지극함이로다!"

✤ 이 글은 주돈이의 〈태극도설(太極圖說)〉인데, '태극도'라는 그림에 대해 설명한 것이다. '태극도'는 우주의 발생을 그림으로 나타낸 것인데 도가 사상가들도 비슷한 그림을 사용하고 있었다. 그런데 주돈이가 우주의 발생에서부터 인간을 포함한 만물의 변화에 이르는 과정을 설

명하는 이 '태극도'를 유학의 관점으로 재해석함으로써, 이후 유가 사상의 주요 자료로 인용되었다. 이 〈태극도설〉에 따르면 만물의 생성과 변화는 모두 음양의 상호 작용에 기초한다. 음과 양이라는 서로 다른 성향을 띤 요소가 서로 적절한 조화를 이룰 때 각 존재(인간을 포함한 만물)는 긍정적이며 안정적인 상태로 생성되고 삶을 영위하다가 죽는, 생명의 과정을 잘 이뤄낼 수 있다. 그러므로 주돈이는 이 그림과 설명을 통해 가장 근원적인 생명 과정의 원리를 이해하고 그에 거스르지 않는 삶을 살아가야 한다는 메시지를 전하고 있는 셈이다.

글의 전반부는 자연에 관한 것이고 후반부는 인간에 대한 설명이다. 그리고 이 두 영역이 서로 연관된 하나의 시스템이라는 것을 밝힘으로써 자연과 인간은 서로 단절된 존재가 아니라 원리적으로 서로 통하는 관계임을 선언하는 천인합일(天人合一)의 생각을 드러냈다. 천일합일적 사유는 유가(儒家)의 인간관과 자연관의 기본 이념이다. 이는 전체 우주 공간의 생명들을 유기적으로 연관된 하나의 망(網)으로 이해하는 오늘날의 생태주의적 관점과 통한다. 그리고 마지막 글에서 《주역》에 나오는 글귀를 인용함으로써 이 글의 연원이 《주역》이라는 것을 밝혔다. 그러니 《주역》이라는 유학의 주요 텍스트는 자연과 인간, 즉 모든 생명체의 근원과 그 바람직한 운동 방향을 설명해 놓은 책임을 알 수 있다.

이 문장이 성리학의 입문서인 《근사록》의 첫 장 서두에 배치된 것

자체가 여기에 성리학의 근간이 되는 원리가 들어 있음을 상징한다. 주희는 이 문장을 재해석함으로써 세계의 궁극 원리를 설명하는 내용으로 중요하게 여겼다. 이런 맥락에서 〈태극도설〉은 주자학 이해를 위한 기본적인 주요 자료가 되었다.

〈태극도설〉에 따르면 세상의 근간이 되는 하나의 원리는 태극이다. 이 태극의 동(動)과 정(靜)이라는 두 작용에 의해 음과 양의 양의(兩儀)가 생성된다. 양의의 교감과 상호 작용으로 오행(목화토금수)이 형성되며, 오행의 운동으로 남녀 인간을 비롯한 만물이 생성된다. 태극 → 음양 → 오행 → 만물이라는 세계 생성의 도식이다. 태극에서 비롯된 만물은 낳고 또 낳는 생생(生生)의 과정을 끊임없이 반복하는데 이것이 세상의 변화를 가져온다. 이렇게 생성 변화의 길을 걷는 만물 가운데 가장 우수한 존재로 인간을 지적하여 인간이 이러한 세상의 원리를 체득해 성인의 길로, 더 나아가 천지의 길로 걸어 가기를 바라는 내용을 글의 후반부에 실었다.

결국 〈태극도설〉은 〈태극도〉라는 그림과 《주역》의 논리를 응용해 만물의 생성 원리와 변화를 제시함으로써 유학 사상이 도가 사상이나 불교 사상에 비해 취약했던 우주론을 보완한 것이다. 이 점이 바로 신유학의 독창성이다.

◎ 염계 선생이 말했다. "성(誠, 성실함, 정성을 다함)은 조금이라도 인위

적으로 어떤 일을 행하지 않는 것이니, 조금이라도 움직이게 되면 선악이 구분된다. 성이 지닌 덕(德) 중에 사랑하는 것을 인(仁)이라 하고, 마땅한 것을 의(義)라 하며, 이치에 맞는 것을 예(禮)라 하고, 통하는 것을 지(智)라 하며, 지키는 것을 신(信)이라 한다.

　이런 덕성을 자신의 본성으로 하고 편안하게 받아들이는 사람을 성인(聖人)이라 하고, 이런 덕성을 회복하고자 하거나 붙들고자 노력하는 이를 현인(賢人)이라 한다. 또 덕성을 드러내는 것이 은미해서(감춘 듯 작아서) 드러나 보이지 않지만 두루 충만해서 이루 다 헤아릴 수 없는 사람을 신인(神人)이라 한다."

✤《중용》제20장에는 "성실함[誠]은 하늘의 도리[天道]고 성실하고자 노력하는 것[誠之]은 사람의 도리[人道]다. 성은 힘쓰지 않아도 딱 맞고 생각하지 않아도 이루어져 자연스럽게 중용의 도[中道]에 따르는 것이니 이는 성인이 체득할 수 있는 경지이고, 성실하고자 노력하는 것은 선한 것을 택해서 분명하게 지키는 것이다(誠者 天之道 誠之者 人之道 誠者 不勉而中 不思而得 從容中道 聖人也 誠之者 擇善而固執之者也)."라는 말이 나온다. 여기서 성이란 하늘이 지니고 있는 본래의 모습을 말하며 주자의 말을 빌자면 "진실해서 망령된 것이 없는" 상태를 말한다. 하늘은 본래 그 자체로 정성을 다해 진실하게 살아가는 것을 추구한다는 의미다. 그러므로 세상의 원리를 담지하고 있는 성(誠)은 완전무결하며 절대선이다. 이것이 지닌 덕은 구체적으로 인의예지신의 오상(五常)으

로 설명할 수 있다.

그런데 사람은 그 자체로 완전무결한 존재가 아니므로 "성실하고자 노력하는" 존재다. 다만 이상적인 존재라고 할 수 있는 성인만은 이 성실함을 자연스럽게 실천할 수 있는 사람이다. 그 다음으로 노력해서 그 경지에 이르고자 하는 이가 현인, 겉으로는 잘 드러나지 않지만 이를 스스로 갖추고 있는 사람이 신인이다. 이렇게 사람을 나눈 것은 성인이나 신인은 타고 나는 것이지만 보통 사람들도 노력한다면 현인에 이를 수 있다는 점을 강조하기 위한 뜻이라 하겠다.

결국 성실함은 하늘의 덕이라 할 수 있는데, 하늘의 덕은 사람이 그것을 닮아가려고 노력함으로써 이룰 수 있다는 말이다. 이것 역시 하늘과 사람, 곧 자연과 인간이 하나로 통하고 있다는 유학적인 사유를 잘 보여주는 부분이다.

◎ 이천[정이(程頤)] 선생이 말했다.

"희로애락(喜怒哀樂)의 감정이 아직 드러나지 않은 상태를 중(中)이라 하는데, 중은 고요해서 움직임이 없는 상태를 이른다. 그래서 세상의 큰 근본이라 한다. 희로애락의 감정이 드러났음에도 모두 절도에 맞는 것을 화(和)라고 하는데, 화는 외부와 감응해서 드디어 통한 상태를 말한다. 그래서 세상의 통달한 도(道)라고 한다."

✛《중용》제1장에는 "희로애락(喜怒哀樂)의 감정이 아직 드러나지 않은

상태를 중(中)이라 하고, 희로애락의 감정이 드러났는데 모두 절도에 맞는 것을 화(和)라고 한다. 중은 세상의 큰 근본이고 화는 세상에 두루 통하는 도다(喜怒哀樂之未發謂之中 發而皆中節謂之和 中也者 天下之大本 和也者 天下之達道)."라는 말이 나온다.

사람의 감정이 밖으로 표현되지 않았을 때에는 모두 선하고 좋은 것으로서 이는 사람의 본성과 어긋나지 않는다. 이것을 중(中)의 상태라고 표현한다. 그런데 감정이 구체적으로 표현되면 어떤 경우에는 지나치게 기뻐하거나 슬퍼하고, 어느 때에는 즐거워해야 하는데도 슬퍼하거나, 화를 내야 마땅한 일인데도 즐거워하는 등 매우 다양한 양상을 띠게 된다. 우리가 늘 경험하는 것이지만 감정을 잘 조절하는 일은 쉬운 일이 아니다. 그런데 드러난 감정이 지나치지도 모자라지도 않고 적절할 때, 곧 지나치지 않게 기뻐하거나 슬퍼하고, 즐거워할 때에 즐거워하고, 화를 낼 때에는 화를 내어 상황에 꼭 맞는 경우를 화(和), 곧 조화로움 또는 어울림의 상태라 할 수 있다. 이렇게 중화의 경지에 이르는 것이 이상적인 군자가 취해야 하는 태도임을 강조한 말이다.

《주역》〈계사전 상〉 제10장에도 "역(易, 모든 변화와 움직임의 원리)은 인위적인 생각도 없고 작위도 없다. 고요하게 움직이지 않다가, 감응해서 드디어 천하의 근원과 통한다(易 無思也 無爲也 寂然不動 感而遂通天下之故)."라는 말이 나온다. 이를 통해 보면 나의 감정을 잘 조절하는 일이 결국은 이 세상의 근본 원리에 맞게 사는 길과 직결되어 있음을 알 수 있다.

2. 본체와 작용

◎ 이천 선생이 말했다. "마음[心]은 하나지만 본체[體]를 가리켜서 말하는 경우가 있고 작용[用]을 가리켜 말하는 경우가 있다. 오직 드러난 바가 어떠한지를 관찰해야 할 것이다."

✛ 체(體)와 용(用)은 본체와 작용을 설명하는 한 쌍의 개념어다. 본체는 본질적인 부분을 말하고 작용은 현상적인 측면을 가리킨다. 어떤 존재든 체용의 양 측면을 지닌다는 것이 주자학자들이 존재를 설명하는 핵심 논리다. 자연이나 인간을 막론하고 모든 존재는 본질적인 면에서 동일성을 지니지만 현상적으로 개별성을 보이는 것은 용의 측면에서 관찰되는 차이라는 것이다. 결국 체용은 모든 현실적 존재의 보편성과 개별성을 설명하는 방식으로 이해할 수 있다. 마음도 현실적으로 존재하는 하나의 현상으로 파악하고 거기에는 체용의 논리로 설명할 수 있는 양면성이 있음을 설명하는 구절이다.

◎ 이천 선생이 말했다. "건(乾)은 하늘[天]이다. 하늘은 건의 형체이고, 건은 하늘의 성질이다. 건은 굳건하다[健]. 굳건해서 쉼이 없는 것을 건이라 한다. 하늘을 한마디로 말하면 도(道)다. '하늘도 어기지 않는다.'《주역》〈건괘〉는 말이 바로 그런 의미다. 분석해서 말할 경우, 형체로써 말한다면 '하늘'이고, 주재하는 것으로써 말하면

'제(帝)'이며, 나타나는 자연 현상의 작용으로써 말하면 '귀신(鬼神)'이고, 오묘한 하늘의 작용으로써 말하면 '신(神)'이며, 성질로 말하면 '건'이다."

✤ 유학에서는 세상의 기본 원리를 하늘[天]이라 한다. 이때의 하늘은 전체의 자연 그 자체를 지시하며, 단순히 눈에 보이는 물리적인 하늘이 아니다. 그리고 세상의 원리인 천은 곧 마땅히 따라야 할 도리[道]이기도 하다. 천과 도는 존재와 상황을 설명하는 가장 근원적인 개념이다.

여기서는 하늘의 속성을 《주역》에 나오는 건괘(乾卦)의 건, 곧 강건하면서 쉬지 않고 움직인다는 측면으로 파악하고 있다. 《주역》에는 64개의 괘가 나오고 64괘로써 세상의 존재와 변화를 설명한다. 건괘는 《주역》의 처음에 나오는 괘다. 《주역》의 서두에 하늘을 상징하며 만물의 시원을 의미하는 건괘가 나오는 것은 곧 하늘이 만물의 원리임을 상정한 것이다. 또한 하늘의 여러 측면을 분석한 것도, 그것이 나타내는 여러 모습을 살펴서 그 현상의 다양성을 파악하라는 의미다.

◎ 이천 선생이 말했다. "하늘이 부여한 것을 명(命)이라 하고, 만물이 받은 것을 성(性)이라 한다."

✤ 하늘은 세상의 근원적 원리다. 이 원리가 만물에 부여되는 측면에

서 말하면 명(命)이고 만물이 그것을 받은 측면으로 보면 성(性)이다. 그래서 하늘이 부여한 법칙, 원리라는 의미에서 천명(天命)이라는 개념이 나온다. 이렇게 보면 천명과 만물의 본성은 동일한 원리로 설명할 수 있다. 하늘이 부여한 명에 따라 만물에는 보편적이고 동일한 본성이 존재한다는 의미다. 이것이 바로 천인합일 사상이다.

◎ 이천 선생이 말했다. "천하의 이치는 끝나면 다시 시작되니, 항구적(恒久的, 변하지 않고 오래감)이며 끝이 없기 때문이다. 항구적인 것은 한 가지로 정해진 것을 말하는 것이 아니다. 일정하면 항구할 수가 없다. 때에 맞춰서 변할 수 있는 것이 '상도(常道, 항상 변함없이 지켜지는 도리)'다. 도를 아는 사람이 아니라면, 천지(자연 세계)의 항구한 도와 천하(인간 세상)의 항구한 이치를 누가 알 수 있겠는가!
✤ 세상은 쉼 없이 변화한다는 것이 유가의 기본적인 세계관이다. 그러므로 어제는 좋았던 것이지만 오늘은 그렇지 않을 수 있고, 겨울에는 따뜻한 방이 좋지만 여름에는 그렇지 않다. 따라서 한 가지만 고집하는 일은 오래갈 수 없는 지혜롭지 못한 삶의 태도다. 변화에 적절히 대처[수시처의(隨時處宜)]할 수 있는 역동적 관점을 지녀야 하늘, 곧 자연의 영원한 법칙에 알맞으며 인간적인 삶도 행복하게 유지할 수 있다는 것이다.

이런 차원에서 보면 세상의 이치 가운데 영구할 수 있는 것은 만물

이 변화한다는 진리를 깨닫고 한 가지 정해진 규칙만으로 세상을 보지
않아야 한다는 점이다.

3. 천도(天道)와 인성(人性)은 일치한다

◎ 어떤 이가 질문했다. "사람의 본성은 원래 선한데, 나쁜 성질을 바꿀 수 없는 사람이 있는 것은 무엇 때문입니까?"

이천 선생이 대답했다. "본성은 모두가 선하지만, 각자의 재질로 말하면 매우 어리석어서[하우(下愚)] 바꾸지 못하는 사람이 있습니다. 매우 어리석은 사람 가운데는 '스스로에게 난폭하게 하는 자[자포(自暴)]'와 '스스로를 버리는 자[자기(自棄)]' 이렇게 두 종류가 있습니다.

사람이 진실로 선(善)으로써 스스로를 다스린다면 아무리 어둡고 어리석은 사람이라도 점차 나아질 수가 있는 법입니다. 다만 스스로에게 난폭한 자는 선을 배척해서 믿지 않고, 스스로를 버린 자는 선을 끊어버리고 실천하지 않으니 비록 성인과 함께 살더라도 교화되어 그 경지로 들어갈 수가 없습니다. 이것이 바로 공자가 말한 하우(下愚)입니다.

그런데 세상의 자포자기(自暴自棄)한 사람들이 반드시 어둡고 어리석었던 것은 아닙니다. 이따금 강하고 사나워서 재주와 힘이 다른 사람보다 넘치는 사람이 있었으니 은나라의 주(紂)왕 같은 이가 그런 경우입니다. 성인은 그들이 스스로 선과 단절했기 때문에 매우 어리석다고 했는데, 그들의 귀결을 살펴보면 진실로 어리석다고 하겠습니다."

또 "이미 하우라 해 놓고 모습을 바꿀 수 있다고 한 것은 무슨 까닭인가요?" 하니 "비록 그 마음이 선도(善道)에서 단절되기는 했지만 위엄을 두려워해 죄를 적게 하고자 함은 그들도 다른 사람과 같습니다. 다른 사람들과 같은 점이 있는 것을 보면 그 어리석음이 본성의 잘못 때문이 아닌 것을 알 수 있습니다."라고 밀했다.

✤ 《논어》〈양화〉 제3장에는 "오직 상지와 하우는 옮겨질 수 없다(唯上知與下愚不移)."는 말이 나오고, 《맹자》〈이루 상〉 제10장에는 "예와 의를 틀렸다고 말하는 것을 자포라 하고, 자기 스스로 인을 실천하고 의에 근거할 수 없다고 말하는 것을 자기라 한다(言非禮義 謂之自暴也 吾身不能居仁由義 謂之自棄也)."라는 말이 나온다.

이것은 아주 뛰어난 지혜를 지닌다거나 지나치게 어리석은 사람은 어찌할 수 없다는 의미가 아니다. 아무리 어리석은 사람일지라도 자포자기하지 않고 노력한다면 점진적으로 발전할 수 있다는 말이다. 뛰어난 능력을 지녔거나 그 반대이거나를 막론하고 사람은 모두 천리를 내재한 존재들이기 때문에 공부와 노력 여하에 따라 발전할 수 있다는 인간에 대한 근원적 신뢰를 보이는 언급이다.

◎ 이천 선생이 말했다. "만물에 있는 것은 리(理)고, 만물에 대처하는 것은 의(義)다."

✤ 주자학에서 세상을 파악하는 논리는 이기론(理氣論)이다. 세상의 모든 것들은 원리로서의 리를 내재하며 현상으로서의 기를 지닌다. 드러나는 현상은 기에 의한 것이지만 현상 안에는 원리로서의 리가 들어 있다는 논리다. 따라서 리와 기는 논리적으로는 원리와 현상으로 구별되지만, 현실적으로 존재할 때에는 항상 같이 있다. 예컨대 자동차라는 현상 안에는 공간 이동이라는 자동차의 원리가 들어 있다. 그런데 논리적으로는 이처럼 현상과 원리가 구분되어 설명될 수 있지만 실재로는 차체라는 현상과 공간 이동이라는 원리가 따로 떨어져 있지 않고 일체로 존재하는 것과 같다.

세상의 근원적 원리인 하늘[天]이 명(命)해서 만물에 내재된 것이 바로 성(性)이며 이는 바로 천리(天理)를 말함이니 성즉리(性卽理)의 논리가 선다. 이기론과 성즉리의 사상은 주자학의 존재론과 인성론을 설명하는 가장 기본적인 틀이다.

그리고 리에 근거해서 공정한 행동을 취하는 것이 의(義)다. 원리에 따르는 적절한 행동을 하는 것이 바로 의인 셈이다. 의는 유학에서 주장하는 바람직한 상황 대처 논리다.

◎ 이천 선생이 말했다. "인(仁)은 천하의 바른 이치이니, 바른 이치를 잃으면 질서도 없고 조화도 없다."

◎ 명도[정호(程顥)] 선생이 말했다. "천지가 만물을 낳을 때 각각 부족한 이치가 없다. 그런데 항상 생각건대, 천하의 군신(君臣)과 부자(父子), 형제(兄弟), 부부(夫婦) 관계에서 도리를 다하지 못하는 경우가 생긴다는 점이다."

✧ 이 문장을 〈도체(道體)〉에 둔 것은 아마도 앞의 내용, 즉 '천지가 만물을 낳을 때 부족함이 없는 온전한 이치를 부여했다.'는 데 초섬을 두었기 때문일 것이다. 이 말은 하늘이 만물에 부여한 온전한 본성에 대한 지적이다. 이에 반해 '천하, 곧 인간 세상을 본다면 경우에 따라서는 이치가 제대로 실현되지 못하고 있다.'는 것이다. 이 지적은 사람들의 관계, 즉 군신·부자·형제·부부의 관계에서 인간의 욕심 때문에 온전한 이치를 제대로 실현해내지 못한다는 말이다. 그러므로 사람에게는 최상의 관계를 만들 수 있는 조건이 이미 선천적으로 내재되어 있다는 믿음을 갖고 그 이치를 실천하려는 의지를 가져야 한다.

◎ 명도 선생이 말했다. "의학 서적에 손과 발이 마비된 것을 '불인(不仁)'이라 한다는 말이 나오는데, 이는 매우 적절한 표현이다. 인(仁)은 천지만물을 일체로 삼으니 천지만물이 곧 내가 아닐 수 없다. 천지만물을 자신과 같다고 생각한다면 이르지 못할 바가 어디 있겠는가! 만약 자신이 가진 것이 아니라고 생각한다면 자연히 나와

는 상관없는 것이 되어버린다. 이것은 마치 손과 발이 불인(不仁)하면 기가 서로 통하지 않아서 내게 속하지 않은 것처럼 되어 버리는 것과 같다.

그러므로 '널리 베풀어서 대중을 구제하는 것'은 성인이나 할 수 있는 일이니, 인(仁)은 설명하기 매우 어려운 개념이다. 그래서 다만 '자신이 서고자 하는 곳에 다른 이가 설 수 있도록 해 주고, 자기가 도달하고자 하는 데에 다른 이가 도달하도록 해 준다. 가까운 데서 비유를 취할 수 있다면 인을 실천하는 방식이라 할 만하다.'라고 말했던 것이다. 이와 같이 인을 파악하고자 한다면 인의 본체를 얻을 수 있을 것이다.

✤ '널리 베풀어서 대중을 구제하는 것(博施於民而能濟衆)'과 '자신이 서고자 하는 곳에 다른 이가 설 수 있도록 해 주고, 자기가 도달하고자 하는 데에 다른 이가 도달하도록 해 준다. 가까운 데에서 비유를 취할 수 있다면 인을 실천하는 방식이라 할 만하다(己欲立而立人 己欲達而達人 能近取譬 可謂仁之方也已).'는 말은 《논어》〈옹야〉 제28장에 나오는 말이다.

일상적인 생활 속에서 남을 배려하는 행동을 실천하다 보면 결국 추상적인 인이라는 개념을 이해할 수 있다는 설명이다. 도의 세계를 이해하고 체득하는 것도 나와 가까운 것에서부터 실천해야 된다는 의미다.

◎ 명도 선생이 말했다. "타고난 것이 성(性)이다. 성은 곧 기(氣)이고 기는 곧 성이니 그것들은 타고난 것이라는 말이다. 사람이 태어나면서 각자의 기를 부여받아 그 이치에 선악이 생긴다. 그러나 성속에 원래 선악 두 가지가 서로 대립해서 존재하다가 나오는 것은 아니다. 어려서부터 선한 경우도 있고, 어려서부터 악한 경우도 있다. 그것은 기를 부여받은 것이 그렇게 만든 것이다. 선함은 진실로 본성이지만 악도 성이라 말하지 않을 수 없다.

대개 타고난 것을 성이라 한다. '사람이 나면서 고요한 상태'《예기》〈악기(樂記)〉 제7장) 그 이상은 말로 표현할 수 없다. 성이라 말하는 순간부터 곧 이미 순수한 성은 아니다.

일반적으로 성이라 말하는 것은 다만 '그것을 계승한 것이 선이다.'(《주역》〈계사 상〉 제5장)라고 말하는 것을 가리킬 뿐이다. 맹자의 성선설(性善說)이 바로 이런 경우다. '그것을 계승한 것이 선이다.'라고 한 것은 물이 흘러 아래로 내려가는 것과 같다. 그런데 모두 같은 물이지만 흘러서 바다에 이르도록 더러워지지 않는 경우가 있으니 이런 경우라면 어찌 사람이 힘을 수고롭게 할 필요가 있겠는가. 그러나 흘러서 멀리가지 않아도 점차 더러워지는 경우도 있고, 흘러 나와 먼 곳에 이른 뒤에 비로소 더러워지는 경우도 있다. 많이 더러워지는 경우도 있고 조금만 더러워지는 경우도 있다. 물의 맑음과 탁함이 비록 다르지만 더럽다 해서 물이 아니라고 할 수는 없는 일이다.

이와 같으니 사람이 스스로를 맑게 만드는 노력을 하지 않을 수 없다. 힘을 들이는 일에 민첩하고 용기가 있으면 빨리 맑아질 것이고, 힘을 들이는 것이 더디고 게으르면 느리게 맑아지겠지만 깨끗하게 되면 다만 원래의 그 물일 뿐이다. 맑은 것을 가져와서 탁한 것과 바꾼 것도 아니고, 탁한 것을 뽑아내서 한 쪽 편에 둔 것도 아니다. 물의 맑음은 곧 성의 선함을 말한다. 그러므로 선과 악이 성(性) 안에서 두 가지로 서로 대립해서 존재하다가 각자 나오는 것이 아니다.

리(理)는 천명(天命)이다. 순조롭게 그것에 따르는 것은 도(道)다. 천명에 따르고 도를 닦아 각자 그 분수를 얻는 것이 가르침[敎]이다. 천명에서부터 가르침에 이르기까지 내가 더하거나 뺄 것이 없다. 이것이 '순임금이 천하를 얻었지만 거기에 관여하지 않았다.'(《논어》〈태백〉 제18장)는 것이다."

✚ 성선설(性善說)을 체계화해서 제시한 사람은 맹자다. 맹자는 인간이 선천적으로 타고나는 본래의 성 중에 선을 지각하고 실천할 수 있는 능력이 있는데 그것이 바로 본성이라 보았다. 맹자가 인간의 성이 선하다는 것을 증명하는 네 가지 증거로 제시한 것이 사단(四端)이다. 사단은 인간의 성이 선함을 말해 주는 네 가지 단서로 측은지심(惻隱之心, 불쌍히 여기는 마음), 사양지심(辭讓之心, 겸손히 남에게 사양하는 마음), 수오지

심(羞惡之心, 옳지 못함을 부끄러워하고 착하지 못함을 미워하는 마음), 시비지심(是非之心, 옳고 그름을 가릴 줄 아는 마음)이다. 현실적으로 사람에게 이러한 마음이 있는 것을 보면 인간의 본성에는 인의예지(仁義禮智)의 덕이 들어 있음을 알 수 있다는 것이다. 맹자의 성선설은 주자학자들도 그대로 받아들였다.

그러면 인간의 본성이 선한데 악행이 벌어지는 원인은 무엇인가? 이에 대한 대답으로 주자학자들은 본래의 성을 천지지성(天地之性)과 기질지성(氣質之性)으로 나누어 설명한다. 천지지성은 맹자가 말한 성선의 성 바로 그것이고, 기질지성은 부여 받은 기질의 차이에서 생기는 성이다. 이 기질지성 때문에 선악이 나오고 악행이 발생할 수 있는 근거가 생긴다는 말이다. 그런데 이 기질의 성은 수양이나 공부를 통해 변화시킬 수 있다고 본다. 어떤 이는 우수한 기질을 타고나서 별 어려움 없이 기질지성과 천지지성을 일치시킬 수 있지만, 어떤 경우에는 많은 노력을 기울여야 비로소 천지지성을 온전히 보유할 수 있게 된다. 중요한 것은 얼마나 우수한 기질을 타고났는가보다는 공부와 노력을 통해 자신의 부정적인 기질을 변화시키고자 하는 의지가 얼마나 강렬한가에 있다고 보는 것이다. 이것이 유학에서 후천적인 노력과 공부를 중시하는 이유다.

4. 생명의 원리

◎ 명도 선생이 말했다. "만물을 생성하는 뜻은 무엇보다 살펴볼 만한
것이다. 생성의 의미를 지닌 원(元)은 모든 선(善)의 으뜸이며 이것
이 바로 인(仁)이다."

✣ 세상의 질서를 설명하는 네 가지 덕으로 제시된 것이 원(元)·형
(亨)·이(利)·정(貞) 이다. 원은 만물을 생성하는 덕이다. 형은 잘 성장
하게 하는 덕이다. 이는 조화롭게 하고 수확할 수 있도록 하는 덕
이다. 정은 근간이 되며 저장하는 덕이다. 이 네 가지 덕이 만물의 발
생과 변화가 일어나게 하는 근원의 덕이다. 이 중에 생성의 의미를
지닌 원을 크게 보면 나머지 모두를 포괄하는 의미를 지니기도 한다.
그리고 원은 인간이 지닌 인의예지 네 가지 덕 가운데 인과 대칭이
된다.

◎ 이천 선생이 말했다. "공적인 마음으로는 하나이고, 사적인 마음
으로는 만 가지로 다르다. 사람의 마음이 얼굴 생김처럼 서로 다른
것은 사심(私心, 사적인 마음)일 뿐이다."

◎ 이천 선생이 말했다. "모든 일에는 근본과 말단이 있지만 근본과
말단을 나누어 두 개의 일로 볼 수는 없다. 예컨대 물 뿌려서 청소

하고 어른의 부름에 대답하는 것과 같은 쉬운 일이 벌어지면 그 안에는 이미 그렇게 해야 하는 원인이 들어 있기 마련이다.

◎ 이천 선생이 말했다. "도(道)의 세계는 텅 비고 고요해서 아무런 조짐이 없지만 모든 형상이 빽빽하게 이미 갖추어져 있다. 아직 반응하지 않았다 해서 앞이 아니며, 이미 반응했다고 해서 뒤가 아니다. 이는 백 척이나 되는 큰 나무라도 뿌리에서 가지와 잎에 이르기까지 하나로 통해 있는 것과 같다. 형이상적인 원리로서의 도는 형체도 없고 조짐도 없는 것이라, 사람들이 임의로 조정하고 이끌어서 도의 궤도에 들어오도록 만든 것이라 말할 수 없다. 이 도가 만든 궤도는 자연스럽게 이루어진 궤도일 뿐이다."

✢ 위의 글은 모두 본체와 작용, 즉 원리와 현상에 대해 말하는 것들이다. 첫 번째 인용문은 마음의 본체와 그 현상에 대해서 말하는 것이고, 세 번째 인용문은 도의 본체와 작용에 관한 내용이다. 여기서 유의할 점은 도(道)에는 본체와 작용이라는 양면이 존재하지만 이는 나무의 뿌리와 지엽이 이어져 있는 것처럼 이어진 개념이라는 점이다. 또한 궤도라는 말이 나오는데, 이는 도가 현상으로 드러나서 하나의 형태를 이룬 것을 의미한다.

　도는 그 자체로는 다양한 가능성을 지닌 원리지만 궤도는 하나로 정해진 현상이다. 현상에는 도의 본체가 들어 있지만 도 자체는 아니다.

근원적인 도와 현상화된 도의 일치점과 차이를 설명하는 내용이다.

◎ 명도 선생이 말했다. "하늘과 땅 사이에는 단지 감(感)과 응(應)이 있을 뿐이니, 더 이상 무엇이 있겠는가?"

◎ 어떤 이가 인(仁)에 대해 질문하자, 이천 선생이 다음과 같이 말했다. "이것은 그대들이 스스로 생각해 보는 것에 달려 있습니다. 성현들이 인에 대해 말한 것들을 종류별로 모아서 살펴보고 몸소 체험하고 확인해야 할 것입니다.

맹자가 측은지심이 인이라 하자 후세 사람들은 사랑이 곧 인이라고 여기게 되었지요. 그런데 사랑은 정(情)이고 인은 성(性)인데 어떻게 오직 사랑하는 것만으로 인이라 할 수 있겠습니까! 맹자는 '측은지심은 인의 단서'(《맹자》〈공손추 상〉 제6장)라고 했습니다. 이미 인의 단서라고 했다면 곧바로 그것을 인이라 할 수 없는 일입니다. 퇴지[한유(韓愈), 768~824, 당나라를 대표하는 문장가이자 유학자]가 '널리 사랑하는 것이 인이다.'(《원도(原道)》)라고 한 것은 잘못된 것입니다. 인한 사람이라야 널리 사랑할 수 있지만 그렇다고 박애가 곧 인이라 할 수는 없습니다."

✤ 여기서는 사랑이라는 추상적 원리를 현실에서 실천하는 문제에 관해 이야기했다. 누구나 사랑의 원리를 지니고 있기 때문에 그것을 실

천할 수 있는 능력은 이미 내재되어 있다. 그런데 보다 중요한 것은 그 사랑을 현실에서 실천하는 일이다. 부모님을 사랑하는 마음에 따라 그분들의 어려움을 헤아려 보고 나의 요구를 줄여 보는 것, 내 친구가 당한 어려움에 함께 슬퍼할 수 있는 것, 얼굴도 몰랐던 사람들이지만 '천안함' 희생자나 유족들의 아픔을 헤아려 보려는 마음을 가지는 것. 이런 것들이 모두 내 안에 들어 있는 사랑의 원리를 외부의 대상과 만나게[감응] 하는 사랑의 실천이라 할 수 있다.

감(感)은 외부에서 내부를 움직이게 하는 것이고 응(應)은 내부가 외부에 대응하는 것이다. 내 안에 들어 있는 사랑의 원리는 외부의 대상과 상황에 따라 각가지 모양으로 대응하여 현실 속에서 사랑의 실천을 이루어낼 수 있는 것이다.

5. 본성이 곧 원리다

◎ 이천 선생이 말했다. "성은 곧 리[性即理]다. 천하의 이치는 그 기원을 살펴보건대 선하지 않은 것이 없다. 희로애락의 감정이 아직 드러나지 않았을 때 무엇이 선하지 않겠는가! 드러나더라도 다 절도에 맞는다면 어디를 가도 선하지 않은 것이 없을 것이다. 그러므로 일반적으로 선악을 말할 때는 먼저 선을 말한 다음에 악을 말하고, 길흉을 말할 때는 먼저 길함을 말한 뒤에 흉을 말하며, 시비를 말할 때는 먼저 옳은 것을 말하고 뒤에 잘못된 것을 말하는 것이다."

✤ 개별 존재가 천하의 이치를 부여받은 것이 성(性)이다. 천하의 이치는 천(天)=천명(天命)=리(理)다. 리는 주자학의 이기론 체계를 구성할 때 새롭게 세상의 근원적 원리로 상정한 개념이다. 주자학자들은 리를 천명을 나타내는 개념으로 사용한다. 그러니까 이 리가 인간에게 부여된 것이 성(性)인 셈이다. 따라서 '성은 곧 리'라는 정의가 설 수 있다. 리는 완전무결하고 절대적으로 선하다. 그러므로 이 리를 부여받은 모든 존재는 본래적으로 선함을 내재하고 있다. 성즉리는 주자학의 존재론과 인성론을 설명하는 기본 전제다.

◎ 마음에 선악이 있는지를 묻자, 이천 선생이 다음과 같이 말했다.

"하늘에 있는 것은 명(命)이고, 만물에 있는 것은 리(理)며, 사람에게 있는 것은 성(性)이고, 몸의 주인은 마음인데 실제로 그것들은 모두 일관됩니다. 마음은 본래 선하지만 사려를 통해 드러나면 선한 것도 있고, 불선한 것도 있지요. 이미 드러났다면 정(情)이라 해야지, 마음이라 할 수 없습니다.

이것을 비유하자면, 물은 단지 물일 따름이지만 물이 흘러 갈라져서 동쪽으로 흐르기도 하고 서쪽으로 흐르기도 하면 그것을 곧 지류(支流)라고 하는 것과 같습니다."

✢ 마음은 본성을 담고 있는 그릇인 동시에 본성이 외부로 표출되어 정으로 드러나게 하는 과정에도 주도적으로 참여한다. 주자학의 심성론(心性論)을 한마디로 표현하면 심(心)이 성(性)과 정(情)을 통괄한다는 의미인 '심통성정(心統性情)'으로 표현할 수 있다. 모든 다른 존재들처럼 심은 본래 선하지만 구체적인 현상에 관계하게 되면 선악의 가능성을 모두 지닌다.

◎ 이천 선생이 말했다. "성(性)은 하늘에서 나왔고, 재질[才]은 기(氣)에서 나온다. 기가 맑으면 재질도 맑고, 기가 탁하면 재질도 탁하다. 재질에는 선한 것도 있고 불선한 것도 있지만 성(性)은 선하지 않은 것이 없다."

◎ 횡거[장재(張載)] 선생이 말했다. "기(氣)는 아득히 넓게 텅 비어 있는 듯한데 오르내리고 날리는 운동을 멈춘 적이 없었다. 이는 비거나 차고, 움직이거나 고요한 것의 기틀이며 음양과 강유(剛柔, 굳세고 부드러움)의 시초다. 떠서 위로 가는 것은 맑은 양기(陽氣)이고, 내려가 아래로 가는 것은 탁한 음기(陰氣)이다. 그것이 감응해서 만나고 모여서 바람과 비가 되고, 서리와 눈이 된다. 만물이 형체를 이루는 것과 산천(山川)이 응결하는 것에서 찌꺼기나 재에 이르기까지 가르침이 아닌 것이 없다."

✤ 기(氣)는 현상을 설명하는 개념이다. 눈에 보이는 현상적인 존재는 모두 기 운동의 결과물이다. 이 세상은 온통 기로 꽉 차 있고, 이 기는 다양한 움직임을 지속한다. 이것이 곧 세상의 다양한 만물이 생명 활동을 영위하는 모습이다. 그런데 다양한 기의 운동은 두 가지 서로 다른 요소에 의해 이루어지는데 그것이 음과 양이다. 음은 수용하고 아래로 내려가고 차가운 성질을 가지며 양은 발산하고 위로 올라가고 따듯한 성질을 지닌다. 이 두 가지 속성의 다양한 조합을 통해 인간과 자연, 사물을 비롯한 온갖 현상이 만들어진다.

◎ 횡거 선생이 말했다. "떠다니는 기가 어지럽게 뒤섞여 있다가 합쳐져 형질을 이루어 다양한 만물을 낳는다. 음양 두 단서가 순환해서 그침이 없는 것이 천지의 대의(大義)를 세운다."

◎ 횡거 선생이 말했다. "하늘[天]이 만물의 본체가 되어 하나도 빠뜨림이 없는 것은, 인(仁)이 모든 일의 본체가 되어 존재하지 않음이 없는 것과 같다. 예(禮)의 강령이 되는 삼백 가지 조목과 예의 세부적인 규칙 삼천여 가지 모두 어떤 것이라도 인이 아닌 것이 없다.

'위대한 하늘이 밝아서 네가 나가는 데에 미치고, 위대한 하늘이 밝아서 네가 노니는 데에 이른다(昊天曰明 及爾出王 昊天曰旦 及爾游衍).'[《시경》〈대아(大雅)·생민(生民)〉]라고 했으니, 하나의 사물이라도 하늘을 본체로 하지 않는 것이 없다."

◎ 횡거 선생이 말했다. "귀신(鬼神)은 음양 두 기의 고유한 능력이다."

◎ 횡거 선생이 말했다. "만물이 처음 생겨나면 기가 나날이 이르러서 자라나고, 만물의 생이 이미 꽉 차면 기가 날로 돌아가서 흩어진다. 기가 이르는 것을 신(神)이라 하는데 그것은 펼쳐지기 때문이고, 기가 돌아가는 것을 귀(鬼)라고 하는데 이는 복귀하기 때문이다."

✚ 주자학에서 귀신이란 개념은 기의 운동에 의해 만물이 변화하는 데 그 현상이 예측하기 어려운 형태로 진행됨을 표현하는 말이다. 글자만 보고 공포 영화에 등장하는 고스트(ghost)로 오해할 수도 있겠지만 전혀 다른 내용임을 알 수 있다.

◎ 횡거 선생이 말했다. "성(性)은 만물의 동일한 근원이니 내가 사사롭게 얻은 바가 아니다. 오직 대인(大人)만이 그 도리를 완전하게 실천할 수 있다. 그렇기 때문에 설 때는 반드시 같이 서고, 앎은 반드시 두루 다 알게 하고, 사랑은 반드시 모두를 더불어 사랑하고, 이루는 것도 혼자만 이루지 않는다. 상대와 나를 단절시키고 이치를 따를 줄 모르는 자는 어찌할 도리가 없다."

✢ 만물과 인간이, 자연과 사람이, 사람과 사람이 동일한 근원에서 생성된 존재임을 설명하는 말이다. 천인합일인 것이다. 그러므로 이기적 가치에 매몰되지 않고 상생의 가치를 알고 실현할 수 있는 사람이야말로 진정으로 큰 사람이다.

◎ 횡거 선생이 말했다. "마음[心]은 성(性)과 정(情)을 총괄한다."

✢ 마음과 성과 정의 관계를 간명하게 표현했다. 이 세 가지는 주자학 심성론의 핵심 개념들이다. 성은 원리[理]이고 정은 현상[氣]이다. 사람의 중심인 마음은 원리와 현상을 모두 수용하고 파악할 수 있으며, 나아가 원리에 맞게 현상을 조절해 갈 수 있는 주체다. 그래서 성리학에서는 마음을 중요하게 생각할 수밖에 없는 것이다.

◎ 횡거 선생이 말했다. "만물 중에 이 성(性)을 갖지 않은 것은 없다. 그런데 그 성향이 통했는가, 가렸는가, 열렸는가, 막혔는가에 따

라 사람과 사물의 차별이 생긴다. 그리고 가려진 정도가 심한가, 약한가에 따라 사람 중에서도 지혜롭거나 어리석거나 하는 차이가 생긴다. 막힌 자는 갇혀서 열 수가 없다. 가려진 정도가 심한 자는 열 수는 있지만 여는 것이 어렵다. 가려진 정도가 약한 자는 여는 것이 쉽다. 그러나 열면 천도(天道)에 도달해서 성인과 같이 된다."

제 2 편

공부하는 방법

제 2 편 공부하는 방법

　　제2편에서는 유학에서 강조하는 공부의 목표와 특징 그리고 그것을 위한 방법에 대해 설명했다. 성인(聖人)은 유학의 이상적 인간상으로, 완전한 인격을 갖춘 사람이다. 그리고 공부의 최종 목표는 성인이 되려는 데에 있다. 성인은 자기 분야의 전문 지식을 갖추고 있지만 그 이전에 인격적 성숙을 그 기반으로 했다는 데에 특징이 있다. 이러한 성인은 단숨에 도달할 수 있는 경지는 아니지만 그렇다고 특별히 정해진 사람들만 될 수 있는 것도 아니다. 누구나 노력하면 될 수 있다고 하니 이것이 인간을 낙관적으로 파악하는 유학의 생각이다.

　성인을 목표로 공부하는 것에서 중요한 부분은 스스로의 마음이 움직여서 실천하는 공부이다. 이는 유학의 학문 목적이 기본적으로 인격의 수양으로부터 시작된다는 점을 말해 준다. 유학에서는 자신의 인격을 돌아보고 채우는 공부를 중요하게 생각했다. 그것이 바로 '위기지학(爲己之學)'이다. 반면 '위인지학(爲人之學)'은 남에게 잘 보이기 위해 하는 공부를 말한다. 이것은 유학에서 반대한 공부법이다. 자신을 멋있는 사람으로 만들고 그럼으로써 다른 이에게 좋은 평가를 받는 일은 당연히 좋은 일이지만, 순서가 바뀌어서 자기 인격은 엉터리인데 거짓으로 꾸미고 잘난 체만 하려는 태도를 반대한 것이다. 유학의 공부는 자기 내면의 본질인 덕성 함양을 추구하는 공부를 말하고 이것이 바로 위기지학이다. 공부의 목표와 이상은 성인과 같이 되어 이 세상에서 중요한 인물이 되는 것에 있더라도 그 실천은 내 일상의 작은 일에서 시작해야 한다는 것이 공부 방법의 특징이다. 이 세상의 기본 원리는 모든 상황에 다 내재되어 있기 때문에 작은 일부터 깨닫고 이해해 가다 보면 결국 큰 목표에 이를 수 있다. 이것이 《근사록》에서 말하는 공부 방법의 핵심이며, 유학이 제안하는 공부법이다.

제1장
공부의 요점

1. 성인(聖人)과 현인(賢人)

◎ 염계 선생이 다음과 같이 말했다. "성인(聖人)은 하늘처럼 되기를 바라고, 현인(賢人)은 성인이 되기를 바라며, 보통의 선비는 현인이 되기를 바란다. 중국 고대 은나라 때의 명재상 이윤(伊尹)과 공자의 수제자 안연(顔淵)은 매우 뛰어난 현인이었다. 이윤은 자기가 섬긴 임금(탕왕)이 요임금이나 순임금과 같은 성군이 되지 못한 것을 부끄럽게 여겼고, 백성들 중 한 사람이라도 자기 자리를 잡지 못한 이가 있다면 시장 거리에서 회초리를 맞은 것처럼 부끄럽게 여겼다. 안연은 화가 난 것을 다른 사람이나 다른 상황으로 옮기지 않았고 같은 잘못을 두 번 되풀이하지 않았으며, 삼 개월이라는 긴 시간 동안에도 인(仁)에서 벗어나는 행동을 하지 않았다.

  만일 이윤이 뜻을 두었던 것에 뜻을 두고, 안자(안연의 높임말)가 공부했던 것을 공부해 최대의 효과를 거둔다면 성인이 될 수 있고, 딱 그들과 비슷한 정도에 도달할 수 있다면 현인이 될 것이며 만일 거기에 미치지 못할지라도 좋은 평판을 잃지 않을 수 있을 것이다."

✛ 성인은 유학의 이상적 인간형으로, 하늘과 같이 완전한 인격을 갖춘 사람이다. 그러니까 공부하는 최종의 목적은 성인이 되기 위해서라고 할 수 있다. 공부를 통해 지식을 쌓고, 국가 고시를 통해 벼슬을 하는 등의 현실적 이익 추구도 무시할 수 없는 일이지만 최종의 목표는 성인이 되기 위해서였던 것이다. 요임금과 순임금은 역사상 성인 목록의 첫 장을 연 이들이다. 요임금과 순임금이 중국 고대의 왕 중에서 성인을 대표하는 인물이라면 주왕과 걸왕은 대표적인 폭군이다.

그런데 성인은 단숨에 도달하는 경지가 아니다. 보통의 사람이 자신의 현 위치를 파악해서 고칠 점과 발전시킬 부분을 자각한 다음 여러 측면의 노력을 거치면 드디어 현인이 될 수 있다. 그것만으로도 훌륭하다 평가할 수 있겠지만 거기에 머물지 않고 더 향상하려는 노력을 실천한다면 궁극적으로 성인의 경지에까지 이르게 된다. 그리고 이것이 공부의 궁극적인 목적이다. 성인은 특별히 정해진 사람들만 될 수 있는 것이 아니라 누구나 노력하면 될 수 있다고 파악하는 관점이다. 이것이 인간을 낙관적으로 파악하는 유학의 생각이다.

이윤이나 안연은 현인의 대표로 거론된다. 이들은 객관적 지식이나 경륜도 뛰어났지만 그 밑바탕에 인격자로서의 덕성을 지니고 있었다. 세상에 지식을 갖춘 사람들은 많다. 그러나 그들을 모두 현인이라 칭하지 않는 것은 단순한 지식인인가 덕성을 갖춘 인격자인가의 차이에 근거한다.

현인은 드물지만 우리가 사는 세상에서 만날 수 있는 인물들이다. 지금의 관점에서 그런 인물을 찾아본다면 학교의 선생님일 수도 있고, 부모님이 될 수도 있으며, 각 분야에서 이름이 있는 인사일 수도 있을 것이다. 자기 자리에서 자신의 역할에 최선을 다하는 모습을 몸으로 보여주는 사람, 마땅히 해야 할 것을 채 이루지 못했을 때의 부끄러움을 알고 자기반성에 솔직한 사람, 주변 사람을 마음으로 따뜻하게 보듬을 수 있는 사람, 이런 사람이 바로 현인일 것이다.

현인은 하늘과 같은 경지의 성인을 목표로 하는 이들이다. 지향하는 바가 분명하기에 이들의 삶은 일관된 모습을 보여준다. 학습을 통해 인격과 덕성의 조화로운 함양을 도모함으로써 현인에 이르고 나아가 성인이 되고자 하는 것이 곧 유학의 공부 목적인 셈이다.

◎ 염계 선생이 말했다. "성인의 도는 귀로 듣고 마음에 간직하는 것이니 그것이 쌓이면 덕행이 되고 그것을 실천하면 훌륭한 일이 된다. 단지 글이나 말로만 그치는 사람들은 답답할 따름이다."

✛ 예컨대 인간관계에서 근사한 논리와 화려한 수사를 사용해 우정을 표현하는 것보다 내 마음의 정성을 다해 친구와 도시락을 나누어 먹는 일이 훨씬 바람직한 태도라는 말이다. 마음이 움직여서 하는 일에는 진정성이 담겨 있고, 진정이 담겨 있는 일은 견고하다. 시험 한 번 보

고 잊어버리는 얕은 지식이 아니며, 나아가 상황에 따라 다른 방식으로 대처할 수 있는 여지를 지닌 것이기도 하다. 마음이 움직여서 실천하는 것이야말로 유학에서 말하는 진정한 공부다.

◎ 어떤 사람이 물었다. "공자 문하에 학생이 삼천여 명이나 있었는데 공자는 오직 안자만 학문을 좋아했다고 칭찬했습니다. 삼천여 명의 제자들은 모두 《시경(詩經)》이나 《서경(書經)》 등의 책과 육예(六藝)를 두루 잘 했던 사람들입니다. 그렇다면 안자만 유독 좋아했다고 하는 그 학문은 도대체 어떤 것인지요?"

이천 선생이 대답했다. "성인(聖人)이 되는 길을 공부했던 것입니다."

"성인은 학문을 통해 이룰 수 있는 경지입니까?"

"그렇습니다."

"배움의 방법은 어떤 것입니까?"

"하늘과 땅이 정기를 쌓아 만물을 구성하는데 그 중 오행[五行, 우주 만물을 이루는 다섯 가지 원소. 금(金), 수(水), 목(木), 화(火), 토(土)]의 우수한 부분을 받으면 사람이 됩니다. 사람의 근본은 참되고 고요해서 아직 밖으로 드러나지 않았을 때에는 다섯 가지 성향[五性]이 갖추어져 있으니 그것을 '인의예지신'이라 합니다.

형체가 생기면 온갖 사물과 형체가 만나게 되므로 그 내면도 움직이게 됩니다. 그 내면이 움직이면 일곱 가지 성향[七情]이 나오는데 그것을 '희노애락애오욕[기쁨(喜)·노여움(怒)·슬픔(哀)·즐거움(樂)·사랑(愛)·미움(惡)·욕심(欲)]'이라 합니다.

감정이 불타오르듯 왕성해지면 그 본성에 흠집이 생깁니다. 그렇기 때문에 깨달은 사람은 감정을 잘 조절해서 내면과 합치되도록 하여 마음을 바르게 하고 본성을 기릅니다. 어리석은 사람은 조절할 줄을 모르고 감정을 제멋대로 표현해 치우치는 데로 이끌어서 결국 본성을 가로막아 사라지게 합니다.

그러나 배움의 도는 반드시 먼저 마음에서 분명히 해 양성할 바를 안 다음 비로소 힘껏 실천해 지극한 경지에 이르고자 해야 합니다. 이것이 바로 스스로 분명한 것으로부터 성실[誠]하게 된다는 것입니다.

성실하게 되는 길은 도를 확실하게 믿는 것에 달려 있습니다. 도를 확실하게 믿으면 결단성 있는 행동을 하게 되고, 행동에 결단성이 있으면 지키는 것이 굳건해집니다.

인의충신(仁義忠信) 등이 마음에서 떠나지 않도록 하여 급할 때나 위험할 때에도 반드시 그것에 근거하고, 모든 행위를 거기에 근거하도록 합니다. 오래도록 이렇게 해서 실수가 없도록 하면 머무는 것이 편안하고 모든 행동이 예에 맞아서 한편으로 치우친 생각은 절로 생기지 않습니다.

그래서 안자가 중점을 두었던 것은 예(禮)가 아니면 보지도 듣지도 말하지도 움직이지도 않았던 것입니다. 공자는 이런 태도를 칭찬해서 '좋은 것 하나를 얻으면 정성껏 그것을 지켜 잃지 않았다.', '화를 남에게 옮기지 않았고 같은 잘못을 두 번 하지 않았다.', '좋지 않은 점이 있으면 알지 못하는 경우가 없었고, 알았으면 다시는 그렇게 행하지 않았다.'고 했습니다. 이것이 그가 돈독하게 좋아했던 학문의 방법이었습니다."

✤ 사서오경(四書五經)은 유학의 기본 경전이다. 《시경》과 《서경》은 《주역(周易)》, 《예기(禮記)》, 《춘추(春秋)》와 함께 오경에 속하는 책이다. 사서에는 《논어(論語)》, 《맹자(孟子)》, 《대학(大學)》, 《중용(中庸)》이 들어간다. 육예(六藝)는 예(禮, 예절), 악(樂, 음악), 사(射, 활쏘기), 어(御, 말타기), 서(書, 글쓰기), 수(數, 셈하기) 등 여섯 가지 기예를 말한다. 공자의 제자들은 모두 이런 기본적인 학문을 닦았겠지만 공자가 왜 안연만을 칭찬했는지는 마지막 문장에 들어 있다. 안연은 지식이나 기예의 습득 이전에 그 밑바탕에 덕행(德行)이라는 인격을 갖추고 있었기 때문이다. 이것으로도 유학의 학문 목적이 인격의 수양에 있다는 점을 알 수 있다.

2. 본성[性]을 알고 실천하다

◎ 횡거 선생이 명도 선생에게 질문해서 다음과 같이 말했다.

"성(性)을 안정시키려 하지만 마음이 움직이지 않을 수 없어서 외물(外物, 바깥 사물)에 영향을 받게 되는데 이런 경우에 어떻게 해야 할지요?"

이에 명도 선생이 말했다. "안정시킨다는 것은 마음이 움직일 때도 마음이 고요할 때도 모두 안정되어야 하는 것으로, 보내고 맞이함이 없으며 안과 밖도 없습니다. 그런데 만일 외물을 바깥으로 삼고 자기를 끌어다 그것에 따르게 한다면 이는 자신의 성에 내외의 구분이 있다는 말입니다. 또 성이 바깥의 물건에 따르는 것이라 한다면 그 성이 바깥에 있을 때는 무엇이 안에 있다는 것인지요? 이런 생각은 외부의 유혹을 물리쳐야 한다는 데에 뜻을 두고 성에는 내외의 구분이 없다는 사실을 알지 못하는 것입니다. 이미 안과 밖의 두 가지 근본을 세워 버린다면 또 어떻게 안정시키는 것을 말할 수 있겠습니까?

천지가 한결같은 것은 그 마음을 두루 만물에 펼치면서도 무심(無心)하기 때문이고, 성인이 한결같을 수 있는 것은 그 정(情)을 만사에 순조롭게 대하면서도 그것을 내세우지 않기 때문입니다. 그러므로 군자가 하는 공부 중에 최고는 툭 터지고 크게 공평해서 사물이 오는 대로 순조롭게 대응하는 것입니다."

✛ 유학에서 말하는 인간의 본성[性]은 천지(天地)의 본성과 동일한 것으로 완전한 성격을 가진다. 그래서 천인합일(天人合一)이라 한다. 본성은 내면에 들어 있는 것이라 그 명확한 모양을 눈으로 볼 수 없다. 본성은 현실에서 우리의 행동을 통해 드러난다. 그런데 본성이 현실적으로 드러나면 그것은 정(情)의 범주에 들어간다. 완전한 본성이라도 현실적으로 발현될 때에는 선악의 양면을 나타낸다. 왜냐하면 현실에서는 언제나 본성[理]과 함께 정[氣]도 동시에 작용해서 드러나기 때문이다. 본성은 완전하게 선하지만 감정은 선악의 가능성이 모두 있기 때문에 본성이 감정을 통해 드러날 때에는 선악이 존재한다.

사람은 현실적인 존재이기에 드러나는 상황이 매우 중요하다. 그러므로 본성이 바람직한 모습으로 구현되도록 하는 것이 요점이다. 그래서 성인은 마땅히 기뻐해야 할 일에는 기뻐하며, 마땅히 화를 낼 때에 화를 내고, 마땅히 슬퍼해야 할 때에는 슬퍼하며, 마땅히 즐거워할 때에 즐거워함으로써 자신의 본성이 적절한 방식으로 감정을 통해 드러나도록 한다.

외물의 유혹 같은 것은 사람의 삶에서 항상 존재하는 현실이다. 그러므로 항상 변화하고 있는 현실을 인정하고 적절한 방식으로 본성을 감정으로 드러낼 수 있는 것이 공부의 중심이 될 것이다. 이와 같이 적절하게 상황에 대처하는 방식으로 제시된 개념이 시중(時中)이다. 시중은 때에 맞게 가장 적절한 태도를 취한다는 말이다. 예컨대 자식을 사랑하는 부모의 마음은 누구나 공통되게 가진 것이지만, 그 사랑을 어떻게 실천하는가는 사람마다 천차만별일 것이다. 사랑한다고 해서 칭찬하고 안아 주는 것만이 능사는 아니다. 따끔하게 회초리를 들어야 할 때에는 그렇게 하고, 따뜻하게 안아 주어야 할 때에는 포근하게 보듬어 주어야 한다. 이것이 아이를 진정으로 사랑하는 방법이라는 점을 시중의 논리를 통해서 이해할 수 있다.

◎ 이천 선생이 주장문(朱長文, 1039~1098, 송나라의 태학박사)의 글에 답해 다음과 같이 말했다.

"성현의 말씀은 부득이해서 하신 것입니다. 그러니 이러한 말을 했으면 이러한 이치가 밝혀지고, 그러한 말을 하지 않았으면 천하의 이치가 그만큼 결여되는 것이지요. 이것은 농기구나 토기, 철기 등이 하나라도 만들어지지 않았다면 사람이 생활하는 데에 그만큼 부족함이 생기는 것과 같습니다. 그러니 성현이 말씀을 하고 싶지 않았더라도 어찌 그럴 수가 있었겠습니까. 그런데 성인의 말씀은 천하의 이치를 모두 포함하고 있지만 매우 간략했습니다.

그런데 후세의 사람들은 처음 책을 잡으면 문장을 우선으로 생각해서, 평생 읽거나 짓는 문장이 성인보다 많을 수 있습니다. 그러나 그런 것은, 있어도 도움이 되지 않거니와 없어도 결핍된 바가 없는, 쓸 데 없는 군더더기 말에 불과합니다. 군더더기에서 그칠 뿐만 아니라 이미 그 요점을 얻지 못했으니, 진실에서 멀어지고 바름을 잃어서 오히려 도를 해칠 것이 분명합니다.

보내주신 편지에서 '후세 사람들에게 선을 잊지 않았다는 것을 보여 주고 싶다.'고 하신 것은 세상 사람들의 사사로운 마음입니다. 공자가 '세상을 떠날 때까지 이름이 나지 않는 것을 걱정한 것'(《논어》〈위령공〉제19장)은 종신토록 선행으로 이름이 나지 않는 것을 걱정한다는 것일 뿐이지, 그저 유명해지지 않을 것을 걱정한 것이 아닙니다. 명성은 보통 사람을 고무시킬 수 있지만 군자가 마음에 두고 급급해할 바는 아닙니다."

3. 덕행(德行)의 실천 - 위기지학(爲己之學)

◎ 이천 선생이 말했다. "마음에 충(忠, 정성을 다함)과 신(信)을 쌓아 가는 것은 덕(德)을 발전시키는 방법이다. 말을 가려서 하고 뜻을 돈독하게 하는 것은 학업을 이루어 가는 길이다. 이를 데를 알아 거기에 이르는 것은 앎을 이루는 것[致知]이다. 이를 데를 알고자 한 이후에 거기에 이를 수 있으니 아는 것이 먼저다. 그래서 일의 조짐을 알 수 있다 했으니 이것이 바로 '조리(條理, 말이나 글 또는 일이나 행동에서 앞뒤가 들어맞고 체계가 서는 자리)의 시작'은 앎에 관련된 일이라는 말이다.

끝낼 바를 알고 거기서 끝내는 것은 힘써 행하는 것[力行]이다. 이미 끝낼 곳을 알았다면 힘껏 나아가 거기에서 그치니 지키는 것은 나중에 있는 것이다. 그래서 의를 보존할 수 있다고 했으니 이것이 바로 '조리의 끝'은 성인이 되는 실천과 관계된 일이라는 말이다."

✛《맹자》〈만장 하〉제1장에 "조리의 시작은 지혜와 관계된 일이고, 조리의 끝은 성인의 일과 관계 된다(始條理者 智之事也 終條理者 聖之事也)."는 말이 나온다.

◎ 이천 선생이 말했다. "사람이 내면에 쌓는 덕은 학문을 통해서 커

지는데 그것은 옛 성현의 말과 행동을 많이 듣는 것에 달려 있다. 그들의 행적을 고찰함으로써 그 적용을 보고, 그들의 말을 살핌으로써 마음을 구해 본다. 이것을 잘 기억하고 터득함으로써 자신의 덕성을 육성하는 것이다."

◎ 이천 선생이 말했다. "군자는 어려움에 처했을 때 반드시 무슨 잘못이 있어서 그렇게 되었는지를 스스로 반성한다. 그렇게 해서 잘못이 있으면 고치고, 마음에서 거리낌이 없으면 더욱 노력해서 자신의 덕을 연마한다."

◎ 이천 선생이 말했다. "(앎이) 분명하지 않으면 움직여 갈 바를 모르고 움직이지 않는다면 (앎이) 분명해도 쓸 데가 없다."

◎ 이천 선생이 말했다. "습(習)은 반복해서 익힌다는 뜻이다. 때에 맞게 거듭 사색해 마음속에 두루 미칠 수 있으면 기쁘다. 선으로써 다른 사람과 관련을 맺으면 믿고 따르는 사람이 많으므로 즐거울 수 있다. 타인과의 관계에서 즐거워할 수 있지만, 옳다고 인정받지 못하더라도 고민하지 않는 사람이 바로 군자다."

◎ 이천 선생이 말했다. "옛날 학자들이 자기를 위해 공부한 것은 자

신의 내면에서 터득하고자 했기 때문이고, 오늘의 학자들이 다른 사람들을 위해 공부하는 것은 남에게 알려지기를 원하기 때문이다."

✛《논어》〈헌문〉제25장에는 "공자가 말하기를, 옛날의 학자들은 자신을 위해 공부했는데 오늘의 학자들은 남에게 보이는 공부를 한다(子曰 古之學者 爲己 今之學者 爲人)."는 말이 나온다. 유학에서는 자신의 인격을 돌아보고 채우는 공부를 중요하게 생각했다. 그것이 바로 '위기지학'이다. 반면 '위인지학'은 남에게 잘 보이기 위해 하는 공부를 말한다. 이것은 유학에서 반대한 공부법이다. 자신을 멋있는 사람으로 만들고, 그럼으로써 다른 이에게 좋은 평가를 받는 일은 당연히 좋은 일이지만, 순서가 바뀌어서 자기 인격은 엉터리인데 거짓으로 꾸미고 잘난 체만 하려는 태도를 반대한 것이다.

◎ 이천 선생이 제자인 방도보(方道輔)에게 말했다. "성인의 길은 평탄한 대로와 같지만 학생들의 근심은 그 문을 찾지 못하는 것일 뿐입니다. 그 문을 찾았다면 멀어서 도달하지 못할 게 없습니다. 그 문으로 들어가려 하면서 경전에 의거하지 않을 수 있습니까? (중략) 그런데 경전은 도(道)를 담아 놓은 책입니다. 그렇기 때문에 경전의 문구를 외우고 글자의 뜻을 풀이하는 것에 머물고 도에 이르지 못한다면 쓸데없는 찌꺼기에 불과합니다."

✛ 위기지학(爲己之學)과 위인지학(爲人之學): 위기지학은 자기를 위한 학문이다. 이는 자신의 덕성을 성장시키기 위한 공부이며 본질적인 것의 탐구를 가리킨다. 위인지학은 다른 사람에게 보이기 위한 학문이다. 외면을 꾸미기 위한 치장과 같은 공부, 과거시험에 붙기 위해 문자만 외우는 공부 등이 이에 해당된다. 유학의 공부는 자기 내면의 본질인 덕성 함양을 추구하는 공부를 말하고 이것이 바로 위기지학이다.

4. 기초를 튼튼히—작은 것부터 시작하여 원대함에 이르다

◎ 명도 선생이 말했다. "보는 것과 기대하는 것은 원대해야 한다. 그러나 행하는 것은 자신의 힘을 헤아려 보고 점진적으로 해야 한다. 뜻이 지나치게 커서 마음을 수고롭게 하고 힘은 적은데 무거운 임무를 맡으면 마침내 일을 망치게 될 것이다."

◎ 명도 선생이 말했다. "그 마음을 크게 하려면 마음을 활짝 열어 놓아야 한다. 이는 9층 정도 되는 커다란 누각을 지으려면 반드시 기초를 크게 잘 다져야 하는 것과 같은 이치다."

◎ 명도 선생이 말했다. "순임금이 시골에서 발탁된 것에서부터 손숙오(孫叔敖, 은거해 살던 현인으로 초나라 장왕의 재상이 됨)가 바닷가에서 등용된 것에 이르기까지, 학문을 익히고자 한다면 반드시 그러한 고난을 거쳐야만 한다."

◎ 명도 선생이 말했다. "학문을 논할 때는 이치를 밝히는 것이 중요하고, 정치를 논할 때는 그 근본을 알아야만 한다."

◎ 명도 선생이 말했다. "반드시 우선 근본을 배양한 후에야 목표를

세울 수 있다. 목표가 이미 바르게 섰다면 그 성과의 얕고 깊음은
노력 여부에 달려 있을 뿐이다."

♣ 건물이든 다리든 기초가 튼튼해야 굳건히 지탱할 수 있다. 겉모양
은 화려하고 멋있었지만 기초가 부실해서 무너져버린 건물 때문에 큰
피해를 입은 사건들을 기억해 보자. 아찔한 일이지 않은가. 이러한 일
은 단지 건물에만 해당되는 일이 아니라 사람들의 관계에서도 발생할
수 있다. 유학에서 근본이 되는 공부를 중시한 것은 기초가 튼튼한 공
부를 말한다. 그리고 유학에서 말하는 기초란 인격적으로 성숙되는 것
을 말한다.

◎ 명도 선생이 말했다. "경(敬)과 의(義)를 함께 지녀야 한다. 곧바로
천덕(天德)에 도달하는 방법은 여기서 비롯된다."

♣ 경(敬)은 마음을 바르게 하는 원리며 의(義)는 바깥의 일을 공정하게
처리하는 원리다. 경은 도덕적 본성이 내재된 내면을 잘 보전하는 원
리며 의는 외부에서 만나는 상황들을 바르게 처리하는 당위의 원리인
셈이다. 자신의 내면을 잘 다스려서 그것을 기초로 현실의 상황에 바
르게 대처하는 것이 성현으로 나아가는 길이며 동시에 이것이 천지의
덕을 실현하는 방법이라는 지적이다.

◎ 명도 선생이 말했다. "게으른 뜻이 한 번 생기면 곧 스스로를 버리

고 학대[자포자기]하게 된다."

◎ 명도 선생이 말했다. "공부하는 사람이 기질에 지거나 습관의 지배
를 받는다면 다만 자신의 뜻을 꾸짖어야 한다."

◎ 명도 선생이 말했다. "마음이 신중하면 외부의 가벼움을 이길 수
있고, 터득한 것이 깊으면 유혹이 작아지는 것을 볼 수 있다."

◎ 명도 선생이 말했다. "보고 듣고 생각하고 움직이는 것은 다 자연
스러운 일이다. 사람은 다만 거기서 참된 것과 거짓된 것을 알아내
야 한다."

✢ 유학에서는 공부하는 사람들이 가장 경계해야 할 것으로 자포자기
를 꼽는다. 개인의 성향에 따라 성취의 정도는 다를 수 있다. 어떤 사
람은 빨리 학습 내용을 습득하고 어떤 이는 더디게 받아들일 수 있다.
하나를 배워 열을 아는 이가 있는 반면 하나를 배워 하나를 따라가기
도 힘겨운 사람이 있다. 또 어떤 이는 과학에 적성이 있고 어떤 사람
은 예술에 대한 성취가 빠르기도 하다. 이러한 경향은 자연스러운 일
이다.

그러니까 지능 지수가 높고 이해력이 빨라서 모든 학습 내용을 빠
르게 받아들이는 것을 최고로 생각하지 않는다는 말이다. 중요한 것은

나의 수준과 취향에 따르면서 어제보다 오늘이, 오늘보다 내일이 조금이라도 나아지도록 하는 일이다. 천천히 가더라도 포기하지 않고 진보하는 것을 가장 좋은 공부법으로 삼았다. 머리가 아무리 좋고 능력이 뛰어난 사람이라도 쉽게 포기하거나 게으름에 빠지는 것을 가장 좋지 않은 자세로 평가했다.

◎ 명도 선생이 말했다. "학문이란 내면을 잘 독려해서 자신에게 착 달라붙도록 하는 것일 뿐이다. 그러므로 '절실하게 묻고 가까운 데에서 생각하면 인이 그 속에 들어 있는'《논어》〈자장〉 것이다.

'말이 진실하고 믿음성이 있으며 행동이 독실하고 공경스러우면 만(蠻)과 맥(貊) 같은 오랑캐의 땅에서도 받아들여질 수 있지만, 말이 진실하고 믿음직하지 못하고 행동이 독실하고 공경스럽지 못하다면 아주 작은 땅에서도 받아들여질 수가 있겠는가! 서 있을 때에는 진실한 말과 공경스러운 행동이 앞에서 관여하는 것처럼 보아야 하고, 수레에 타고 있을 때에는 그것이 말의 멍에(말이나 소의 목에 얹는 구부러진 막대)에 기대고 있는 것처럼 보아야 한다. 그런 이후에야 통하게 된다.'《논어》〈위령공〉 이것이 바로 학문이다.

바탕이 아름다운 사람은 밝음이 완전함을 얻어서 찌꺼기를 곧바로 변화시켜 천지와 한몸이 된다. 다음 수준의 사람은 엄숙하고 공경스럽게 마음을 보존하고 길러야 한다. 그러나 그 완전한 데에 이르는 데는 두 경우 모두 마찬가지니, 진실함과 공경함뿐이다."

◎ 명도 선생이 말했다. "'널리 배우되 뜻을 돈독히 하며 절실하게 묻지만 내 가까운 데에서부터 생각해 보면 인이 그 속에 들어 있다.'(《논어》〈자장〉 제6장)는 것은 무슨 의미일까? 배우는 사람은 그것을 잘 생각해서 이해해야 한다. 이것이 바로 위[天]와 아래[地]를 모두 관통하는 도다."

✝《논어》〈자장〉 제6장에는 "널리 배우되 뜻은 돈독히 하며, 절실하게 묻지만 내 가까운 데에서 생각해 보면 인이 그 속에 들어 있다(博學而 篤志, 切問而近思, 仁在其中矣)."는 말이 나온다. 《근사록》이라는 책 이름의 출전이기도 하다.

어떤 이들은 어렵고 애매한 내용을 언급해야 멋있고 수준 있는 말을 한다고 여기기도 한다. 그러나 아무리 멋진 말이라도 속과 다르거나, 작은 일을 제대로 처리하지 못하는 사람이 하는 말이라면 가치가 없다고 보는 것이 유학의 관점이다. 유학에서는 내 주변의 가장 쉬운 일, 작은 문제로부터 생각을 시작하라고 한다. 아무데나 쓰레기를 버리지 않고, 아픈 친구의 등을 두드려 주는 일상의 작은 일들을 실천하는 것으로부터 시작해서 결국 온 세상의 평화가 이루어질 수 있는 일에도 참여할 수 있다는 논리다. 목표와 이상은 이 세상에서 큰 인물이 되는 것에 있더라도 그 실천은 내 일상의 작은 일에서 시작해야 한다는 말이기도 하다. 이 세상의 기본 원리는 모든 상황에 다 내재되어 있기 때문에 작은 일부터 깨닫고 이해해 가다보면 결국 큰 목표에 이를 수 있다. 이것이 《근사록》에서 말하는 공부 방법의 핵심이며, 유학이 제안하는 공부법이다.

◎ 이천 선생이 말했다. "옛날 학자들은 마음이 넓고 느긋하며 여유가 있었고, 공부할 때 선후의 순서가 있었다. 오늘날의 학자들은 한바탕의 이야기만 지어내어 높고 원대한 것에 힘쓸 뿐이다. 나는 두원개(杜元凱, 이름은 두예, 중국 진(晉)나라의 학자이자 정치가)가 '강이나 바닷물이 서서히 스며들듯이 하며, 기름이 윤택하게 하는 것처럼 하며, 얼음이 풀리듯이 하고, 기쁘게 원리에 따른 다음에야 터득할 수 있다.'라고 한 말을 좋아한다. 오늘날의 학자들은 종종 공자의 제자인 자유(子游)나 자하(子夏)가 학문의 폭이 좁아서 배울 만한 것이 없다고 한다. 그러나 자유나 자하가 한 한마디 말이나 한 가지 행동은 모두 실제적인 것이었다. 후대 학자들이 높고 원대한 것을 좋아하는 것이 마치 마음은 천 리 밖에 놀면서 몸은 여기에 있는 것과 같다."

✤ 자유·자하는 공자의 제자들로 현실적 능력이 뛰어났던 사람들로 평가된다. 공문십철에 속하는 사람들이다. 공자의 제자 삼천여 명 가운데 뛰어난 인재는 72인이라 하는데, 그 중에서도 공자가 인정했던 10

인의 제자를 공문십철(孔門十哲)이라 칭한다. 여기에 안연(顏淵), 민자건(閔子騫), 염백우(冉伯牛), 중궁(仲弓), 재아(宰我), 자공(子貢), 염유(冉有), 자로(子路), 자유(子游), 자하(子夏)가 속한다. 그러므로 후대의 학자들이 이런 뛰어난 인물들조차 무시하면서 마치 현실에서 벗어난 현인인 것처럼 구는 것은 올바른 학문의 자세가 아니란 말이다.

5. 자강불식(自彊不息)의 자세로 나날이 새롭게

◎ 이천 선생이 말했다. "요즈음 학문하는 사람들은 산을 오를 때 완만한 곳에서는 성큼성큼 가다가 험한 곳에 이르면 곧 멈춰버리는 것과 같이 한다. 그런데 학문을 할 때에는 반드시 마음을 굳게 다지고 과감하게 나아가야 할 것이다."

◎ 이천 선생이 말했다. "알면 반드시 좋아하고, 좋아하면 반드시 구하며, 구하면 반드시 얻는다. 옛 사람들은 이러한 공부를 평생의 일로 삼았다. 과연 어렵거나 급할 때에도 반드시 이처럼 학문을 할 수 있다면 어찌 도리를 터득하지 못하는 경우가 생기겠는가!"

✚ 어떤 일에 호기심이 생기면 그에 대해 더 알고 싶어지는 것이 인지상정이다. 그래서 그 일을 알면 알수록 익숙한 경지에서 그 일을 좋아할 수 있게 되는 것도 당연한 이치다. 그 일이란 취미에 관한 것일 수도 있고 어떤 사람일 수도 있다. 관심을 두고 여러 정보를 모으다 보면 어느새 그것에 대해 다른 사람들보다 많은 이해와 지식을 갖게 될 것이고, 그것이 어느 경지에 이르면 다른 친구들이 부러워하는 수준에 달할 수 있다. 이렇게 되면 처음 관심을 두었을 때와는 전혀 다른 경지에서 그것을 즐기면서 다룰 수 있을 것이다. 공부를 하는 일도 온라인 게임이나 스포츠를 대할 때처럼 우선 좋아하는 마음을 가지고 다가가

야 더 좋은 성취를 이룰 수 있다는 설명이다.

◎ 어떤 사람이 "경(敬)과 의(義)는 어떻게 다릅니까?" 하고 묻자, 이천
선생이 말했다. "경은 다만 자신을 지키는 도(道)일 따름입니다. 의
는 시비가 있음을 알고 순리에 따라서 행하는 것, 이것이 바로 의
입니다. 만일 단지 경을 지키기만 할 뿐 의를 모을 줄 모른다면 이
는 도리어 아무것도 행하는 바가 없는 것과 같습니다. 예컨대 효도
를 하려할 때 효라는 글자만 지켜서는 효를 이룰 수 없는 것과 같
습니다. 반드시 효를 행하는 방법을 알아야 하니 봉양하는 것은 마
땅히 어떻게 해야 하며 덥고 추운 것을 살피는 것은 어떻게 해야만
하는지를 안 이후에야 효도를 다할 수 있는 것입니다."

✢ 이 글은 정이천이 학문하는 자세로 강조한 경과 의의 구체적 의미
에 대한 물음과 답변이다. 《예기》〈곡례 상〉 제11장에는 "무릇 자식 된
사람이 부모를 모시는 예는 겨울에는 따뜻하게 해 드리고 여름에는 시
원하게 해 드리며, 밤에는 잠자리를 보아 드리고 새벽에는 잘 주무셨
는지 안부를 여쭤 보는 것이다(凡爲人子之禮 冬溫而夏淸 昏定而晨省)."라는
말이 나온다. 이처럼 구체적인 상황에 대한 대처 방법까지 나아가는
것이 경과 의를 행하는 진정한 의미라는 말이다.

◎ 이천 선생이 말했다. "공부하는 사람은 반드시 실제적인 것에 힘을

쓸 뿐 명성을 가까이 하려고 들지 말아야 한다. 명성을 가까이 하는 데에 뜻을 둔다면 곧 거짓된 것이다. 근본을 이미 잃었는데 더 배우는 것에 무슨 의미가 있겠는가! 명성을 위하는 것과 이익을 위하는 것은 비록 청탁의 차이가 있지만 이익을 추구하는 마음이라는 면에서는 마찬가지다."

◎ 이천 선생이 말했다. "인자(仁者)는 어려운 일을 먼저 하고 이익을 얻는 것은 뒤로 한다. 목적을 가지고 하는 일은 모두 이득을 먼저 하는 것이다. 옛 사람들은 인을 행할 뿐이었건만 오늘의 사람들은 모두 이득을 우선으로 삼는다."

◎ 이천 선생이 말했다. "옛날의 학자들은 자신을 위하는 공부를 해서 마침내 남을 이루게 해주는 데까지 도달했는데, 오늘의 학자들은 남에게 보이기 위한 공부를 해 결국 자신을 잃는 지경에 이르게 된다."

◎ 이천 선생이 말했다. "군자의 학문은 반드시 날마다 새로워져야 한다. 날마다 새로워지는 것은 날마다 진보하는 것이다. 날마다 새로워지지 않는 자는 반드시 나날이 퇴보한다. 진보하지 않는데도 퇴보하지 않는 경우는 없다. 오직 성인의 도만이 진퇴가 없는데 그

것은 그가 성취한 바가 지극하기 때문이다."

✤《대학》〈전〉 제2장에 "탕임금의 목욕통에 새겨진 글자에 이르기를, 진실로 날로 새롭게 하고, 나날이 새롭게 하며 또 날로 새롭게 하라(湯之盤銘 日 苟日新 日日新 又日新)."는 말이 나온다. 이는 날마다 자신의 생활 속에서 배운 것을 실천하는 자세를 잃지 말라는 말이다. 사람에게는 누구나 처음 생각을 지속하지 못하는 경향이 있다. 그래서 작심삼일 이라 하지 않던가. 그렇기 때문에 날마다 새로운 마음을 먹고 '처음 맞는 오늘처럼 잘하자!'는 주문을 하는 것이 진보할 수 있는 기본자세가 된다는 가르침이다.

◎ 명도 선생이 말했다. "폭이 넓지만 굳세지 못하면 기준이 없고, 굳세기만 하고 넓지 못하면 좁고 답답하다."

◎ 이천 선생이 말했다. " '폭넓게 배우고, 깊이 있게 질문하고, 신중하게 생각하고, 분명하게 분별하고, 독실하게 행한다(博學之, 審問之, 愼思之, 明辨之, 篤行之).'(《중용》 제20장) 이 다섯 가지 중 하나라도 포기하면 학문이 아니다."

◎ 제자인 장사숙(張思叔, 1071~1108)이 질문한 것은 그 내용이 너무 고원한 것이라 이천 선생이 바로 대답하지 않고 한참 있다가, "높이

쌓기 위해서는 반드시 아래로부터 시작해야 합니다."라고 말했다.

◎ 횡거 선생이 말했다. " '의리(義理)를 정밀하게 파악해서 신(神)의 경
지로 들어간다.'(《주역》〈계사전 하〉 제5장)라는 말은 일을 내 안에 예비
하고 외적인 삶의 이익을 구하라는 것이다. '쓰는 것을 이롭게 해
서 몸을 편히 한다.'(《주역》〈계사전 하〉 제5장)라는 말은 평소 내외적
인 삶을 이롭게 하고 나의 내면을 잘 기르도록 하라는 말이다. '신
의 세계를 깊이 파고들어 연구하고 변화를 안다.'(《주역》〈계사전 하〉
제5장)라는 것은 수양이 쌓이면 자연스럽게 이르는 것이지, 생각하
고 힘써서 억지로 할 수 있는 것이 아니라는 말이다. 그러므로 군
자는 덕을 높이는 것 이외의 방식으로 앎을 이루고자 하는 법이
없다."

✣ '의리를 정밀하게 파악해서 신의 경지로 들어간다(精義入神).'는 말은
나의 내면과 외부 대상 안에 공동으로 존재하는 세상의 원리를 이해
해 감으로써 결국 완전한 경지에 이를 수 있다는 말이다. 그러니 가정
을 경영하기 위해 늘 어깨가 무거운 부모님의 입장을 헤아려서 걱정
을 덜어 드리고자 한다거나, 지진 때문에 하루아침에 살길이 막막해
진 아이티 어린이를 도울 방법을 생각한다거나 하는 등 일상에서 사
랑과 정의를 생각하고 그것을 실천하는 과정을 통해 우리의 인격은
성숙되고 그것이 바로 공부의 최종 목표를 향해 가는 길이라고 이해

할 수 있다. 뒤의 두 인용문에서 하는 말도 이것과 다르지 않다. 결국 유학에서 추구하는 공부의 최종 목표는 내가 살고 있는 세상에서 내가 관계를 맺고 있는 사람과 일들에 대해 정성스런 마음으로 대함으로써 사랑[仁]을 실천 하는 데에 있다.

◎ 횡거 선생이 말했다. "모두 하늘로부터 부여받지 않은 것이 없으나, 양의 밝음이 드러나면 덕성이 작용할 수 있고, 음의 탁함이 드러나면 물욕이 일어난다. 악을 다스려서 좋은 것을 온전히 하는 일은 반드시 학문에 근거한다."

◎ 횡거 선생이 말했다. "공자가 네 가지를 끊었다는 교훈은 배움의 시작에서부터 덕을 이루는 전체를 포괄하는 가르침이다. 의(意)는 사사로운 생각이 있는 것이고, 필(必)은 기대가 있는 것이며, 고(固)는 변화가 없는 것이고, 아(我)는 모난 것이다. 이 네 가지 중 하나만 있어도 천지와 비슷해질 수 없게 된다."

✛《논어》〈자한〉제4장에는 "공자는 네 가지를 끊었으니, 사사로운 뜻[意]을 끊고, 반드시 하고자 하는 것[必]을 끊고, 고집하는 것[固]을 끊고, 나를 내세우는 것[我]을 끊었다(子絕四 無意 無必 無固 無我)."는 말이 나온다. 그러니까 인격의 성숙을 기하는 데에서 방해가 되는 가장 큰 요인은 자기만 잘 살고 싶고 많이 가지고 싶은 욕심이다. 좋은 것을 가지

고자 하는 마음이 문제가 아니라 자기만 갖고 싶다는 독점욕이 문제인 것이다. 좋은 것을 독점하면 욕심은 점점 늘어나고 만족할 줄 모르는 지경에 처할 수 있다. 그보다는 다른 사람을 배려해서 자기에게 좋은 것을 나누려는 마음을 베풀어 주면 결국 자신이 더 행복해지는 만족감을 얻을 수 있다. 사람의 만족감은 개인의 사사로운 욕심을 채우는 데에서 오는 것이 아니라 타인과 소중한 무엇을 나누는 과정을 통해 얻어질 수 있다는 것이 유학의 가르침이다.

◎ 횡거 선생이 말했다. "어려움에 처하는 것은 사람을 진보시키는데, 이때는 덕이 분명해지고 감응하는 것이 신속해진다. 맹자가 '사람이 덕에 대한 지혜와 기술적인 지식을 갖는 것은 항상 환난에 처할 때에 드러났다(人之有德慧術知者 恒存乎疢疾).'(《맹자》〈진심 상〉제18장)라고 했던 이유도 바로 이 때문이다."

✚ 사람이 살다 보면 누구나 어려운 일에 처할 수 있다. 삶의 길이란 희노애락(喜怒哀樂)의 다양한 사건과 만나는 길이라고 하지 않는가. 좋은 일만 있다면 더 없이 행복할지도 모르지만 실은 나쁘고 어려운 일이 있기 때문에 좋은 일이 좋은 일이 되는 것이다. 삶에서 중요한 문제는 쉽고 좋은 일만 만나기를 기원하는 것이 아니라 어렵고 힘든 상황에서 어떻게 헤쳐 나갈까를 고민하는 일이다. 이는 식물이 다양한 자연의 어려움을 견뎌내야 비로소 튼실한 뿌리를 내린 나무나 풀로 자라

나는 것에 비유할 수 있다. 그래서 유학의 공부론에서는 어려움에 처했을 때 그것에 좌절하지 않고 잘 헤쳐 나갈 수 있는 용기와 희망을 갖는 것이 무엇보다 중요하다는 점을 강조했다.

◎ 횡거 선생이 말했다. "자신을 수양하고자 하는 사람은 무엇보다 두텁고 신중히 처신해야만 한다. 두텁고 신중하게 처신하면서 배움의 의미를 안다면 덕이 진보해서 고루하지 않게 된다. 충실한 마음과 믿음으로 덕이 진보하게 하려면 벗을 존중하고 현명한 사람과 교우하는 것을 중요하게 여겨야 한다. 자기보다 훌륭한 사람과 사귀고자 한다면 자신의 잘못을 고치는 데에 인색하지 않는 것이 가장 좋은 방법이다."

✛《논어》〈학이〉 제8장에는 "충과 신을 위주로 하고 자기보다 못한 이를 벗하지 말며 잘못이 있을 때에는 고치는 것을 주저하지 말라(主忠信 無友不如己者 過則勿憚改)."는 말이 나온다.

◎ 횡거 선생이 말했다. "천지를 위해 마음을 세우고, 백성을 위해 도를 세우며, 과거의 성인을 위해 단절된 학문을 계승하고, 후세를 위해 태평함을 연다."

✛《근사록》에서 강조하는 것처럼 유학에서는 일상의 작은 일들을 잘 해결해 가는 것을 중요하게 생각하고 그것을 공부의 시작으로 삼는다.

그러나 이런 생각은 결코 사람의 시선을 좁은 울타리 안에 가두어 두자는 것이 아니다. 작은 데에서 시작한다는 말은 기초를 튼튼히 하는 것이 중요하다는 말일 뿐이다. 사람이 이 세상에 태어난 의미와 과제는 이 세상을 위해 큰일을 하고자 하는 목표를 가지고 그것을 위해 과거와 미래의 역사를 이어가는 중추적 존재로 자신을 상정하는 일에서 이루어질 수 있다고 한다. 내 스스로 역사적 중추로서의 의미를 지닌다는 자존심을 갖고 이 세상과 대면할 때 나는 함부로 허튼 일을 할 수 없을 것이다. 이 짧은 말을 통해 그러한 인간의 자존심에 대해 가르쳐 주고 있는 셈이다.

◎ 횡거 선생이 말했다. "사람들은 대부분 나이가 들면 자기보다 어린 사람에게 질문하길 꺼리므로 모르는 부분에 대해 평생 모르는 채로 살게 된다. 또 사람들은 도의를 먼저 깨달았다고 자처하면서 자신이 모르는 점이 있다는 사실을 드러내지 않으므로 역시 아랫사람에게 묻는 것을 피한다. 모르는 것을 물으려 하지 않으므로 드디어 온갖 일에서 자신과 남을 기만하면서 종신토록 알지 못하고 만다."

✢ 공자는 "아는 것을 안다 하고 모르는 것은 모른다고 하는 것이 바로 아는 것"이라고 앎을 정의한 바 있다. 한 사람이 이 세상에 존재하는 모든 일들을 사사건건 다 알 수는 없다. 그기에 삶이란 나면서

죽음에 이르기까지 끊임없이 뭔가 새로운 정보를 익혀가는 과정이 아닐 수 없다. 오늘날처럼 컴퓨터와 인터넷이 발달하고 있는 세상에서 그것에 관한 지식은 일반적으로 어른들보다 청소년들이 더 많은 것처럼 나이가 어려도 어떤 일을 더 잘 이해하는 경우는 많다. 나이가 많거나 지위가 높은 사람이라도 자기 전문이 아닌 일이나 관심 영역 밖의 일을 다 잘 알 수는 없는 일이기 때문에 그런 부분을 솔직히 인정하고 상대에게 물어서 문제를 해결하는 것이 정말 능력 있는 사람일 것이다.

◎ 횡거 선생이 말했다. "공부를 통해 얻을 수 있는 큰 이점은 스스로 자신의 기질을 변화시킨다는 데에 있다. 그렇지 않으면 모두 남에게 보이는 학문을 하는 폐단에 빠져 결국 밝히는 바가 없을 것이며, 심오한 성인의 경지도 볼 수 없을 것이다."

✚ 주자학에서는 사람의 본성을 본연지성(本然之性)과 기질지성(氣質之性)으로 나누어 설명한다. 본연지성은 인간의 보편성을 받쳐 주는 근거로써 누구나 똑같이 보유한 것이다. 반면 기질지성은 개인의 몸과 환경에 따라 차이가 나는 성향으로 인간의 개별성을 나타내는 측면이다. 본연지성은 천지와 같은 본성으로서 완전무결한 것이지만, 기질지성은 개인의 환경에 따라 다양한 모양을 가지므로 선악의 가능성을 지닌다. 그래서 관건은 기질지성과 본연지성의 차이를 좁혀 궁극적으로

둘이 일치하도록 하는 노력이다. 여기서 나쁜 기질을 변화시킨다는 변화 기질(變化氣質)의 공부를 강조한 것이다.

◎ 횡거 선생이 말했다. "의심할 줄 모르는 것은 실질적으로 공부하지 않은 것이다. 실질적으로 공부를 하게 되면 반드시 의심이 생긴다. 반드시 행하지 못할 부분이 생기는데 이것이 바로 의심나는 곳이다."

◎ 횡거 선생이 말했다. "마음이 크면 어떤 것이라도 다 통할 수 있지만, 마음이 작으면 모든 것이 다 병이 된다."

◎ 횡거 선생이 말했다. "학문을 하는 사람은 뜻이 작거나 기질이 가벼워서는 안 된다. 뜻이 작으면 쉽게 만족하고 쉽게 만족하면 그로 말미암아 나아갈 근거가 없다. 기질이 가벼우면 아직 모르는 것을 안다고 여기고 아직 공부하지 않은 것을 이미 배웠다고 생각한다."

제2장
경험의 축적과 마음으로 하는 공부

1. 마음으로 통하는 앎

◎ 이천 선생이 주장문(朱長文)에게 답한 편지에서 다음과 같이 말했다. "마음이 도(道)에 통한 다음에 옳고 그름을 분별할 수 있는 것은 저울에 재 보고서야 가볍고 무거움을 알 수 있는 것과 같습니다. 맹자가 '말을 안다[知言].'(《맹자》〈공손추 상〉 제2장)라고 했던 것이 바로 이것을 말합니다.

마음이 도에 통하지 못하고서 옛사람들이 한 일의 옳고 그름을 헤아리는 것은 저울에 재 보지 않고 가볍고 무거움을 짐작하는 것과 같습니다. 눈에 힘을 주고 마음을 수고롭게 해서 비록 때로 적중하는 경우도 있지만 이것은 옛말에 '억측하면 가끔 맞춘다(億則屢中).'(《논어》〈선진〉 제ㄴ장)는 경우에 해당되므로 군자는 이런 방식을 귀하게 여기지 않습니다."

✤ 유학에서는 사람의 마음은 인간의 중심으로서 마치 저울의 추처럼 일의 선악과 경중을 따질 수 있는 기준이 된다고 본다. 그러므로 마음을 바른 자리에 두는 공부가 매우 중요하다. 이것이 제대로 되어 있다

면 어떤 상황에서도 바른 선택을 할 수가 있는 것이다. 그래서 맹자는 공손추가 맹자에게 선생님의 장점이 무엇인지를 질문하자 자신은 '말을 알고, 호연지기를 잘 기른다.'라고 대답했다. 다시 말을 안다는 것이 무엇을 의미하는지를 묻자 "비뚤어진 말에서 그 가려진 부분을 알고, 지나친 말에서 매몰된 바를 알며, 치우친 말에서 이탈된 바를 알고, 회피하는 말에서 곤궁함을 아는 것이다. 그 마음에서 생겨나서 그 정치를 해롭게 하고, 그 정치에서 드러나서 그 일을 해치니 성인이 다시 일어나도 반드시 내 말을 따를 것이다(詖辭 知其所蔽 淫辭 知其所陷 邪辭 知其所離 遁辭 知其所窮. 生其於心 害於其政 發於其政 害於其辭 聖人復起 必從吾言矣)."라고 했다. 이는 넓고 공정한 마음인 호연지기를 기른 다음에 가능했던 일들을 설명한 것이다.

◎ 이천 선생이 문인의 질문에 답해 다음과 같이 말했다. "공자나 맹자의 제자라 해도 어찌 모두 현명하고 명석한 사람들만 있었겠습니까. 대부분이 보통의 사람들이었습니다. 보통 사람의 관점으로 성현을 바라봤을 때 알 수 없는 바가 많았을 것입니다. 그런데 그들은 자신을 믿기보다 스승을 믿었고 이 때문에 배우기를 구한 다음에 얻을 수가 있었습니다.

지금 제군들은 나의 말이 자신의 뜻과 합치되지 않으면 버려두고 다시 생각하지 않지요. 그래서 끝내 서로 달라지는 것입니다. 알 수 없는 것을 곧바로 던져버리지 말고 재차 다시 생각해 보는 것이 앎을 이루는[치지(致知)] 방법입니다."

♣ 제2장의 주제는 앎을 이룸[치지(致知)]이다. '치지'는 《대학》의 팔조목 중 하나에 해당되는 조목이다. 팔조목은 학문의 실천 방안을 8개의 항목으로 구분한 것이다. 이 팔조목 가운데 치지는 또 하나의 조목인 대상에 나아감[격물(格物)]과 함께 주자학의 인식론을 구성하는 주요 부분이다. 그래서 이것을 격물치지론이라고 부르는데, '격물치지론'에서 격물은 다양한 대상과 마주해서 경험을 쌓는 것이고, 치지는 그것을 통해 앎을 이루는 것이다.

앎이란 무엇이고 어떻게 앎을 이룰 것인가? 앎의 핵심 내용은 《근사록》 제1장에서 주로 말했던 세상의 원리다. 그것을 이해해서 체득하는 길은 다양한 삶의 경험을 쌓아가는 과정을 통해 열릴 것이다. 그러니까 '격물'하는 것이 '치지'의 관건이 되는 셈이다.

◎ 이천 선생이 말했다. "터득했는지 터득하지 못했는지를 알고자 한다면 마음속에서 검증해 보아야 한다. 깊이 생각해서 얻은 것이 있는데 마음이 기쁘고 확 트여서 여유로움이 생긴다면 이는 실제로 터득한 것이다. 깊이 생각해서 얻은 바가 있는데 마음이 피로하고 소모되는 것 같다면 이는 실제로 터득하지 못하고 억지로 추측한 것일 뿐이다.

어떤 이가 '요즘 도를 공부하면서 깊이 생각하다가 마음이 허해졌다.'고 하기에, 내가 '사람의 혈기에는 본래 허함과 실함이 있기 때문에 질병이 생기는 것은 성인이라도 피할 수 없는 일이다. 그러나 성현들이 학문을 하다가 마음의 병에 걸렸다는 경우는 들어 본적이 없다.'고 말했다."

◎ 어떤 이가 질문했다. "충(忠)과 신(信)을 통해 덕(德)으로 나아가는 일은 노력을 해서 할 수 있지만, 앎을 이루는 일은 참으로 어렵습니다."

이천 선생이 다음과 같이 말했다. "학자들은 당연히 노력을 해야 하지만 반드시 먼저 알아야 비로소 행할 수 있습니다. 만약 알지 못한다면 다만 요임금을 얼핏 보고 그의 행동을 배우고자 하는 것과 같을 뿐입니다. 요임금과 같은 대단한 총명함과 예지가 없다면 어떻게 그와 같이 모든 행동이 규범에 맞을 수 있겠습니까?

그대가 말한 것은 독실하게 믿고 굳게 지킨 것일 뿐 자기 것으로 소유한 것이 아닙니다.

아직 앎을 이루지 못했는데 뜻을 성실하게[성의(誠意)] 하려는 것은 단계를 뛰어 넘는 일입니다. 노력만으로 가려는 사람이 어떻게 오래도록 지속할 수 있겠습니까?

오직 이치를 분명하게 밝히면 이치에 따르는 것이 즐겁습니다. 성(性)은 본래 선하므로 이치에 따라 행하는 것은 곧 순리에 맞는 일로써 본래 어렵지 않습니다. 다만 사람이 알지 못하고 억지로 일에 적용하려 하기 때문에 어렵다고 말하는 것입니다.

　앎에는 여러 종류가 있어서 깊고 얕은 차이가 있습니다. 학자들은 반드시 참된 앎을 얻어야 합니다. 참된 것을 알게 되면 곧 태연하게 행동할 수 있습니다.

　내가 스무 살 때 경전의 뜻을 해석한 것이 지금과 차이가 없습니다. 그러나 오늘날 생각해 보면 그 의미를 파악하는 것은 어린 시절과 구별된다는 것을 알 수 있습니다."

✤ 누가 시켜서 마지못해 하는 일과 스스로 이해했기 때문에 하는 일은 같은 일이라도 다른 내용과 효과를 만들어낼 수 있다. 그래서 유학에서는 왜 그 일을 해야 하는지 원리를 이해한 다음 그것을 실천할 수 있도록 배려하는 가르침을 폈던 것이다.

2. 내 안에 원리 있다

◎ 이천 선생이 말했다. "보통 한 가지 사물마다 하나의 이치[理]가 존재하니 반드시 그 이치를 모두 다 이해해야 한다. 이치를 이해하는데[궁리(窮理)]에는 또 여러 가지 방법이 있으니, 독서를 통해 의리(義理)를 밝히기노 하고, 고금의 인물을 논함으로써 그 옳고 그름을 가려 보기도 하는 것이다. 어떤 대상이나 상황에 접해서 그에 적절히 대처해 보는 것 모두가 이치를 이해하기 위한 것이다."

어떤 이가 다음과 같이 질문했다. "대상에 나아가는 것[격물(格物)]은 반드시 모든 사물에 나아간다는 뜻입니까, 아니면 한 대상에 나아가 보면 모든 이치를 알 수 있다는 뜻입니까?"

이천은 다음과 같이 대답했다.

"어떻게 곧바로 관통할 수 있겠습니까? 하나의 대상에 나아가 보고 곧 모든 이치를 알게 된다는 것은 비록 안자(안연의 높임말)와 같은 현인이라 해도 감히 말할 수 없는 것입니다. 반드시 오늘 한 가지 일에 나아가고, 다음 날 또 한 가지를 알게 되는 식의 경험이 쌓여서 오래 지난 다음에야 확 벗어나듯이 자연스럽게 관통하게 될 것입니다."

◎ 이천 선생이 말했다. " '생각하면 이치에 통달하게 된다(思曰睿).'(《서

경》〈홍범〉)고 했으니, 깊이 생각하는 것을 오래도록 지속한 후에 자연스럽게 이치에 통달하게 된다. 만약 한 가지 일에 대해 생각을 해 보았는데 잘 이해할 수 없다면, 일단 다른 일을 가지고 생각을 해 보아야지 오직 한 가지 일에만 집착해서는 안 된다. 대개 사람의 지식은 어떤 일에서 막혀버리면 억지로 생각해 보려 해도 풀리지 않는 법이다."

◎ 어떤 사람이 질문했다. " '외부의 대상을 관찰하고 자신을 살핀다.' 는 것은 외물을 관찰하는 것에 근거해서 돌이켜 자신에게서 찾아본다는 의미입니까?"

이천 선생은 다음과 같이 대답했다. "반드시 그렇게 말할 필요는 없습니다. 외물과 나는 같은 원리[理]를 가지므로 저것이 분명해지면 이것도 깨달을 수 있습니다. 이것이 내외가 합일되는 도(道)입니다."

또 묻기를, "앎을 이루고자 할 때에 우선 사단(四端)을 대상으로 해 보면 어떻겠습니까?" 하자, "자신의 성정(性情)을 대상으로 하는 것은 자신에게 절실한 부분입니다. 그러나 하나의 풀, 하나의 나무에도 모두 리(理)가 있으므로 반드시 잘 살펴야 합니다."라고 대답했다.

✚ 사단(四端)은 맹자가 말한 것인데 인간의 본성이 선하다는 것을 증명

하는 네 가지 단서로, 측은지심(惻隱之心), 사양지심(辭讓之心), 수오지심(羞惡之心), 시비지심(是非之心)을 말한다. 예컨대 아무것도 모르는 아기가 우물을 향해 기어가고 있을 때 무조건 그 아기를 구해줘야 한다는 마음, 즉 측은지심이 나오는 것을 통해 내 안에 인(仁)이라는 덕이 들어 있음을 알 수 있다. 내게 이런 측은지심이 있다는 것을 스스로 깨닫고 나아가 그 마음을 사회에서 실천하도록 지도하는 것이 유학의 가르침이다.

인식의 방법은 나로부터 세계로, 혹은 세계로부터 나에게로 모두 가능하다. 이는 외물과 나는 원리적으로 일치하기 때문이다. 단지 외부의 대상을 잘 관찰하면 거기에 내 존재의 근거도 반영되어 있으므로 외물에 대한 학습과 사유를 중요하게 생각한 것이다.

◎ 이천 선생이 말했다. "생각을 하면 이치에 통달하게 되고, 이치에 통달하면 성인의 덕을 이룬다. 생각을 해 가는 것은 마치 우물을 파는 것과 같다. 처음에는 더러운 물이 나오다가 한참 파 들어가면 점차 맑은 물이 나오는 것처럼 사람의 사려도 처음에는 혼탁하다가 오래도록 지속하면 저절로 명쾌해지는 것과 같다."

◎ 횡거 선생이 말했다. "의리(義理, 옳은 이치)의 학문은 반드시 깊이 젖어들듯이 들어가 봐야 비로소 성취할 수 있다. 얕고 소홀하고 가볍

고 들뜬 자세로는 얻을 수 없다."

◎ 횡거 선생이 말했다. "공부를 하면서도 일의 이치를 깊이 생각해 밝히지 못하는 것은 마음이 거칠기 때문이다. 안자와 같은 현인이 성인의 경지에 이르지 못한 것도 역시 이 마음의 거친 부분 때문이다."

◎ 횡거 선생이 말했다. "의리에 대해 의심이 생기면 옛 견해는 씻어 버리고 새로운 뜻을 받아들여야 한다. 마음속에서 깨우친 바가 있으면 반드시 기록해 두어야 한다. 생각하지 않으면 깨우쳤던 것이 다시 막혀버린다. 또 벗의 도움을 받아 하루 동안에도 생각의 차이가 생겨야 한다. 이렇게 나날이 학문을 해설하고 토론한 것이 오래되면 저절로 진보한 것을 느낄 수 있을 것이다."

3. 삶 속에 살아 있는 지식

◎ 이천 선생이 말했다. "오늘날 사람들은 독서를 잘 할 줄 모른다. '《시경》에 나오는 삼백여 편의 시를 왼다 해도, 정치를 하는 데에 통달하지 못하고 각 국에 사신으로 가서 홀로 응대하지 못할 것 같으면 비록 많이 읽는다 한들 무엇에 쓰겠는가!'(《논어》〈자로〉 제5장) 아직 《시경》을 읽지 못했을 때는 정치에 통달하지 못하고 각 국에 사신으로 가서 홀로 대응하지 못했다 하더라도, 책을 읽고 난 뒤에는 곧 정치에 통달하고 각 국에 사신으로 가서 홀로 대응할 수 있어야 비로소 《시경》을 읽었다 할 수 있다."

◎ 윤돈(尹焞, 1071~1142, 이천 선생(정이)의 문인)이 처음 와서 학문하는 방법에 대해 질문하자, 이천 선생은 다음과 같이 답했다. "그대가 학문하는 법을 배우고자 한다면 반드시 독서를 해야 합니다. 책은 꼭 많이 읽을 필요는 없지만 책의 요점은 알도록 해야 합니다. 많이 읽고서 요점을 알지 못한다면 서점과 같을 뿐이지요. 내가 젊었을 때 독서를 하면서 많이 읽는 것을 욕심냈지만 지금에 와서는 대부분 그 내용을 잊었습니다. 모름지기 성인의 말씀을 잘 살펴보고 마음에 들여 놓은 다음에 힘껏 실천해야 절로 터득하는 바가 있을 겁니다."

✛ 책에서 읽고 배운 내용을 현실에서 실천할 수 있을 때 비로소 그 책을 읽었다고 말할 수 있다는 뜻이다. 아무리 지식이 풍부하고 어학 공부를 많이 했다 해도 외국 친구와 만나서 대화 한마디 제대로 나누지 못한다거나, 외국 바이어를 만나 자신의 제품을 제대로 설명하지 못해 일을 그르쳐 버린다면 그가 알고 있는 지식은 현실에서 살아 있는 지식이라 할 수 없다. 아는 것이 중요한 것은 그것이 실천을 위한 밑거름이 되기 때문이라고 설명하는 것이 유학의 입장이다.

◎ 이천 선생이 말했다. "학문을 처음으로 배우기 시작한 사람이 덕(德)으로 들어가는 입문서로 《대학》만 한 것이 없다. 그 외에는 《논어》와 《맹자》만 한 것이 없다."

✛ 《대학》은 《중용》, 《논어》, 《맹자》와 함께 사서에 속하는 책이다. 《대학》에는 유학의 기본 이념인 인(仁)을 실천하는 방법론이 들어 있다. 그 방법의 요점은 나를 닦아 다른 이들에게 널리 베푸는 '수기치인(修己治人)'이란 한마디로 대표할 수 있다. 인을 실천하는 방법은 나로부터 시작해서 그것을 주변으로 확대 실천해 가는 과정을 요구한다. 《대학》에서는 이 과정을 8조목을 들어 설명한다. 8조목은 격물(格物, 대상의 이치로 나아가는 것)·치지(致知, 앎에 이르는 것)·성의(誠意, 의지를 정성으로 갖는 것)·정심(正心, 바른 마음을 갖는 것)·수신(修身, 자기 몸을 닦는 것)·제가(齊家, 집안을 반듯하게 하는 것)·치국(治國, 나라를 다스리는 것)·평천하(平天下, 천하를

평안하게 이끄는 것)다. 천하를 평정하는 원대한 포부를 지향하지만 그 시작은 나를 돌아보고 성장시키는 문제에서 비롯해야 한다는 생각이 여기에 들어 있다.

◎ 이천 선생이 말했다. "《논어》와 《맹자》를 볼 때에는 반드시 숙독(熟讀, 글의 뜻을 잘 생각하면서 차분하게 하나하나 읽음)하고 잘 살펴보아야 한다. 그리하여 그 속에 있는 성인의 말씀들이 자신에게 절실히 다가오도록 해야지 한바탕의 이야기로 여겨서는 안 된다. 사람들이 이 두 책의 내용을 자신에게 절실하게 다가오도록 할 수 있다면 그것을 평생토록 다함이 없이 응용할 수 있을 것이다."

◎ 이천 선생이 말했다. "《논어》를 읽은 후에 아무렇지도 않은 사람도 있고, 독서 후에 한두 구절을 얻어서 기뻐하는 사람도 있으며, 독서 후에 좋아하는 것을 알게 되는 사람도 있고, 독서 후에 자신도 모르게 손발이 춤 출 정도로 기뻐하는 사람도 있다."

◎ 이천 선생이 말했다. "학자들은 마땅히 《논어》와 《맹자》를 기본으로 삼아야 한다. 《논어》와 《맹자》를 잘 이해하면 육경(六經)을 다 읽지 않더라도 그 내용을 분명하게 알 수 있게 된다. 독서하는 사람은 성인이 경을 지은 뜻과 성인이 마음을 쓴 부분, 그리고 성인은

성인에 이르게 되었는데 나는 이르지 못하고 얻지 못한 까닭에 대해 살펴보아야만 한다. 구절마다 그 의미를 찾아보고 낮에는 읽고 음미하며 밤에는 사색을 해 본다. 마음을 평온하게 갖고 기운을 평탄하게 하며 의심나는 것을 잠시 미루어 둔다면 성인의 뜻을 볼 수 있을 것이다."

✤ 육경은 《시경》, 《서경》, 《예기》, 《춘추》, 《주역》, 《악경》의 여섯 책을 말한다. 공자가 그 이전부터 내려오던 글을 유학 사상의 내용과 부합하도록 정리함으로써 '경'이라는 명칭이 붙여지게 되었으며 유학의 기본 경전으로 자리를 잡게 되었다. 이에 비해 사서는 《논어》, 《맹자》, 《대학》, 《중용》의 네 경전을 일컫는다. 《대학》, 《중용》은 원래 《예기》에 들어 있던 것인데 송 대 이후 별도의 책으로 분리되었다. 초기 유학 시절에는 주로 6경이 중심 텍스트였으나 송나라 때 성리학이 성립된 다음부터는 주되게 읽는 경전이 사서로 바뀌게 된다. 이는 좀 더 유학 사상의 본질에 접근하도록 하자는 취지가 크고 '수기치인'의 실천을 가르치는 《대학》과 형이상학적 본원의 문제를 다룬 《중용》이 신유학의 새로운 이론과 잘 부합하기 때문이기도 했다.

◎ 명도 선생이 말했다. "배우는 사람은 《시경》을 봐야만 한다. 이 책을 읽는 것은 사람의 품격을 한층 높여 준다."

4. 작은 것이 아름답다

◎ 명도 선생이 말했다. "《중용》이라는 책은 공자의 제자들 사이에
서 전수되어 자사(子思)와 맹자에 의해 완성되었다. 그 내용이 비록
잡다하게 기록되었지만 정미한 것과 거친 것을 구분하지 않고 일
괄적으로 설명했다. 그런데 오늘날 사람들이 노(道)를 설명할 때에
는 고상한 것을 말하다가 흔히 주위에서 보고 들을 수 있는 것을
빠뜨리거나 근본을 말하다가 말단을 빠뜨린 경우가 많다."

✢ 자사(子思, 기원전 483~기원전 402)는 공자의 손자로 이름은 급(伋)이다.
공자의 제자에게 배웠다고 전하며 《중용》의 저자로 알려져 있다. 《중
용》은 원래 《예기》 중의 한 편이었는데 송 대 이후 단행본으로 출간되
고 중요시되었다. 이 책에서는 본원의 문제, 세상 만물의 원리나 이치
에 관한 이야기를 많이 다루고 있다.

◎ 이천 선생이 《역전》 서문에서 말했다. "역(易)은 변화해 바뀌는 것
[변역(變易)]이다. 때에 따라 변역함으로써 도에 따르는 것이다. 이
책은 규모가 광대하고 세상의 모든 일을 다 갖추고 있어서 성명(性
命)의 이치에 따르고, 감추어지거나 드러난 원인에 통달해서 사물
의 실정을 완전히 드러내어 '사물을 열고 사업을 이루는[개물성무(開
物成務)]' 도를 보여 준다. 성인이 후세를 걱정해 준 마음이 지극하다

하겠다.

옛날과는 시간적으로 멀리 떨어져 있지만 옛 성인이 남긴 경전은 여전히 남아 있다. 그러나 옛 유학자들은 경전의 뜻은 잃어버리고 그 말만 전해, 후학들은 말만 외고 그 의미를 잊었다. 그리하여 진나라 이후로는 경전의 의미가 전해지지 않았다.

나는 천여 년 뒤에 태어나 이 경전의 의미가 사라지고 어두워진 것을 슬퍼해서 후인들로 하여금 소급해 올라가서 그 근원을 찾도록 하려 하니, 이것이 내가 《역전》을 지은 이유다.

《역》에는 성인의 도리가 네 가지로 들어 있다. 이는 '말을 할 때는 이 책의 문장[괘사(卦辭)]을 존중하고, 행동할 때는 그 변화[변(變)]를 존중하며, 기물을 제작할 때에는 그 상징[상(象)]을 존중하고, 점을 칠 때에는 그 점괘를 존중한다.'(《주역》 〈계사 상〉 제10장)는 것이다. 길흉과 소장(消長, 줄어들고 성장함)의 이치, 그리고 진퇴와 존망(存亡, 보존되고 사라짐)의 도는 괘사에 갖추어져 있으니, 괘사를 추측해 보고 괘의 모습을 고찰해 보면 변화를 알 수 있다. 상징[상(象)]과 점괘[점(占)]는 그 가운데에 들어 있는 것이다.

'군자가 머물 때에는 그 상(象)을 관찰하고 그 문장[사(辭)]을 음미하며, 움직일 때에는 그 변화를 관찰하고 그 점괘를 음미한다.'(《주역》 〈계사 상〉 제2장)라고 했다. 그 말을 이해하면서도 그 뜻을 잘 알지 못하는 경우는 있지만, 그 말을 이해하지 못하고서 그 뜻을 잘 알게 되는 경우는 없었다.

지극히 은미(隱微, 잘 드러나지 않는 것)한 것은 이치이고, 지극히 드
러난 것은 상이다. 그런데 본체와 작용은 동일한 근원을 가지며,
드러남과 은미함에는 단절이 없다. '모이고 통하는 것을 가지고 전
례(典禮, 모범적인 규칙이나 예의)를 행하는 것이니'(《주역》〈계사 상〉 제8장),
말[사(辭)]에는 갖추어지지 않은 바가 없다.

그러므로 공부를 잘 하는 사람은 문구를 이해하려고 할 때에 반
드시 자신과 가까운 데에서부터 시작하는 법이니, 주변의 것을 소
홀이 여기는 자는 말을 아는 사람이 아니다. 내가 전하는 것은 문
장[사(辭)]인데, 문장에 근거해서 뜻을 얻는지의 여부는 읽는 사람에
게 달려 있다."

✦ 정이는 《주역》에다 자신의 해설을 붙여서 《이천역전(伊川易傳)》을 지
었다. 정이는 이 책을 통해 《주역》이 단순히 점을 치기 위한 책이 아니
라 이 세상의 원리를 파악하는 데에 도움을 주기 위한 책이라는 점을
강조했다. 이 책에는 정이의 사상이 많이 반영되어 있고, 따라서 그의
대표작이라 할 수 있다.

◎ 이천 선생이 말했다. "《시경》과 《서경》은 도를 실어 놓은 글이고,
《춘추》에는 성인이 도를 적용한 사실이 들어 있다. 《시경》과 《서
경》은 약의 처방과 같은 격이고, 《춘추》는 약을 써서 병을 치료하

는 것과 같다. 성인이 도를 적용했던 것은 모두 이 책에 들어 있다. 실제의 일을 실어서 절실하고 분명하게 드러내는 것보다 좋은 방법이 없다는 말을 알 수 있는 책이다."

◎ 이천 선생이 말했다. "역사책을 읽을 때에는 단순히 사건만을 기억할 것이 아니라 반드시 치란(治亂, 다스려지고 어지러움), 안위(安危, 편안하고 위태로움), 흥폐(興廢, 흥하고 무너짐), 존망(存亡, 보존하고 망함)의 이치를 알아야 한다. 예컨대 한나라의 《고제기(高帝紀)》를 읽는다면, 한나라의 역사 사백여 년의 시작과 끝, 그리고 치란이 어떠했는가를 알아야 한다. 이러한 것도 역시 공부다."

✤ 《고제기》는 《한서(漢書)》의 고조본기(高祖本紀)를 가리킨다. 《시경》은 고대의 시가집이다. 말 그대로 시와 노래가 들어 있는 경전으로서 인간의 정서를 반영한 시와 노래를 이해하는 것의 중요성을 가르쳐 주는 책이다. 《서경》은 정치에 관한 책이다. 옛 제왕들의 정치 업적을 제시함으로써 실제 통치에서 중요한 덕목이 무엇인지를 알게 하는 경전이다. 《춘추》는 역사에 대한 기록이다. 역사를 통해 현실의 문제를 재조명할 수 있는 틀을 제공해 주는 책이다. 이 세 책은 모두 유가의 기본 경전인 육경(六經)에 속한다.

◎ 횡거 선생이 말했다. "독서를 적게 하면 의리(義理, 사람으로서 마땅히

지켜야 할 도리)의 정밀한 부분을 고찰할 근거가 없어진다. 책을 읽음으로써 이 마음을 유지하는 것인데 잠시라도 책을 놓으면 그만큼 덕성이 해이해진다. 독서를 하면 마음이 항상 제자리에 머물고, 독서를 하지 않으면 의리를 보더라도 끝내 이해할 수 없다."

◎ 횡거 선생이 말했다. "독서를 하는 이유는 자신의 의문을 풀고, 자신이 이해하지 못한 바를 이해하기 위해서다. 매번 책을 볼 때마다 새롭게 아는 것이 더해지면 학문이 진보하는 것이다. 또 의심하지 않던 것에 대해서 의심이 생기면 비로소 진보하는 것이다."

✢ 사람으로서 마땅한 도리를 지키기 위해 노력할 일들 중 하나가 독서다. 책은 선배들의 살아 있는 경험이 들어 있는 매체다. 그러므로 글을 읽는 동안 사람들은 훌륭한 간접 경험을 할 수 있다. 보통 사람들의 경험에는 한계가 있다. 그런데 이 한계를 넓혀 줄 수 있는 것이 또한 이 독서다. 다른 학문이나 철학과 마찬가지로 유학에서도 좋은 책을 많이 읽고 이해하는 독서의 중요성을 강조했다.

5. 나의 주인은 마음

◎ 어떤 사람이 "성인은 공부를 통해 다가갈 수 있는 경지입니까?" 하
고 묻자, 염계 선생은 "가능합니다."라고 했다. 다시 "성인이 되는
공부에 핵심 내용이 있는지요?" 하니, "있습니다."라고 했다. 이에
"그에 관해 듣기를 청합니다." 하니, 염계 선생은 다음과 같이 대
답했다. "마음을 순일(純一)하게 하는 것이 핵심입니다. 순일하게
한다는 것은 사사로운 욕심을 없애는 것입니다. 사사로운 욕심이
없으면 고요히 머무를 때는 마음이 텅 비고, 움직일 때는 곧을 수
있습니다. 고요히 머무를 때 마음이 텅 비어 있으면 밝고, 밝으면
통하게 됩니다. 밝게 통하고 공정하게 사물에 두루 미칠 수 있다면
거의 성인의 면모를 지닌 것이지요."

✤ 유학에서는 성인을 사람이 이룰 수 있는 가장 이상적 경지로 본다.
고대의 훌륭한 왕이었던 요임금이나 순임금 또는 공자 같은 인물이 성
인의 예다. 성인은 보통 사람이 근접할 수 없는 위치에 있지만 이론적
으로는 누구나 성인이 될 수 있다. 유학에서 가르치는 공부를 완벽하
게 깨달았다면 그가 곧 성인인 것이다. 그렇다고 현실의 사람들이 모
두 성인이 될 수 있는 것은 아니지만 중요한 것은 인간을 무한한 발전
가능성을 지닌 존재로 파악했다는 데에 있다. 사람에 대한 긍정적 믿
음을 전제로 한 것이 유학의 인간관이고 거기에 기초해서 학문관도 구

성되었다고 보면 좋을 것이다.

◎ 이천 선생이 말했다. "말을 조심스럽게 해서 덕을 기르고, 음식을
절제해서 몸을 기른다. 흔히 주위에서 보고 들을 수 있는 일이지만
매우 큰 부분에까지 연관되는 것으로 언어와 음식보다 더한 것이
없다."
✛《주역》〈이괘(頤卦)〉상전에 "언어를 조심하지 않으면 덕을 상실하
고, 음식에 절도가 없으면 몸을 망친다(言語不謹則敗德, 飮食無度則敗身)."
는 말이 나오는데, 이에 대한 정이의 해석이다.

◎ 이천 선생이 말했다. "사람이 자신이 머물러야 할 자리에서 편안할
수 없는 것은 욕심에 동요되기 때문이다. 욕심이 앞에서 끌어당기
면 머물 곳을 구하려 해도 찾을 수가 없다. 그래서 간괘(艮卦)에서는
'그 등에 머물러야 한다.'고 했던 것이다. 보이는 것은 앞에 있는데
등은 그것을 등지고 있으므로 보이지 않는 곳이 된다. 보이지 않는
곳에 머물면 욕심이 그 마음을 혼란하게 하지 않으므로 머무는 데
에서 곧 편안하다.
'자신의 몸을 얻지 않는다.'는 말은 자신의 몸을 바라보지 않는다
는 의미로 자아를 잊는 것[망아(忘我)]이다. 자신의 이익을 구하는
의식을 없애면 머물러야 할 자리에 머물 수 있지만, 자신의 이익을

구하는 의식을 없애지 못한다면 머물 수 있는 방도가 없다.

'그 정원에 가도 주인을 볼 수 없다.'고 했는데 뜰 안은 주인의 방에서 매우 가까운 곳이다. 그러나 등지고 있다면 비록 매우 가까운 데에 있더라도 볼 수 없는 법이니 이는 외물과 교류하지 않는다는 의미다.

외물과 만나지 않으면 내면에서 욕심의 싹이 트지 않는다. 이와 같이 머무는 것이 곧 머무는 도리를 얻는 것이므로, 머무는 데에서 '허물이 없다.'가 된다."

✚ '그 등에 머물러야 한다.', '자신의 몸을 얻지 않는다.', '그 정원에 가도 주인을 볼 수 없다.', '허물이 없다.'(艮其背, 不獲其身, 行其庭, 不見其人, 無咎)는 말은 《주역》〈간괘〉의 괘사이다.

이와 연관해서 〈간괘〉의 단전(彖傳)에는 "욕심이 날 만한 것을 보지 않으면 마음은 혼란하지 않다. 그러나 보고 듣는 감각을 물리치라는 말은 아니다. 욕심에 이끌리지 않는다면 저절로 사사롭고 잘못된 견해가 없어지기 때문이다(不見可欲則心不亂, 然非屏視聽也. 蓋不見於欲 而無私邪欲之見耳)."라고 되어 있다.

◎ 명도 선생이 말했다. "만약 마음을 잘 보존하고 기를 수 없다면 다만 말만 하는 것일 뿐이다."

◎ 명도 선생이 말했다. "성현들이 한 수많은 말들은, 다만 사람들이 자신의 흩어진 마음을 묶어 다시 자신의 내면으로 되돌아가도록 하고자 했던 것이다. 이렇게 하면 저절로 향상하는 방법을 찾을 수 있으므로, 쉬운 공부에서 시작해 차원이 높은 공부를 이루는 경지[하학이상달(下學而上達)]에 이를 수 있다."

◎ 여여숙(呂與叔)이 "생각이 많아서 일일이 쫓아버릴 수 없는 것이 근심입니다."라고 하자, 명도 선생이 다음과 같이 말했다. "이는 허물어진 집에서 도둑을 막는 일과 같은 것입니다. 동쪽에서 한 사람이 들어온 것을 아직 쫓아내지 못했는데, 서쪽에서 또 한 사람이 들어옵니다. 이런 식으로 좌우와 전후로 쫓아내기에 바쁘면 다른 겨를이 없습니다. 이렇게 되는 이유는 사면이 모두 비어서 도둑이 쉽게 들어오고 주인은 이를 막을 도리가 없기 때문입니다. 또 빈 그릇에 물을 담으면 자연스럽게 물이 흘러 들어가는 것과도 같습니다. 만일 하나의 그릇에다 물을 가득 채우고서 그것을 물속에 넣으면 물이 더 이상 들어갈 수 있겠습니까?

따라서 안에 주인이 있으면 내실이 가득차고, 내실이 가득차면 밖의 근심이 들어올 수 없으므로 자연히 아무 일도 없게 되는 것이지요."

✤ 자신의 중심인 마음을 잘 다잡고 있으면 외부의 많은 유혹들을 물

리칠 수가 있다. 그렇지 못하고 바른 마음이 제 자리에 없으면 갈대가 바람에 흔들리듯이 이런 저런 유혹에 흔들릴 수밖에 없다는 말이다.

◎ 이천 선생이 말했다. "경(敬, 경건함)을 유지하며 그것을 잃지 않는 것이 곧 희로애락의 감정이 아직 드러나지 않았을 때의 중(中)이다. 경(敬)이 곧 중(中)이라 할 수는 없지만, 경의 자세를 잃지 않는 것이 중의 상태를 유지할 수 있는 방법이다."

✤ 중(中)의 상태를 유지할 수 있는 방법에 대해 설명했다. 《중용》에서는 희로애락의 감정이 밖으로 드러나기 이전의 마음 상태를 중이라 정의했다. 인간의 본성은 중의 상태다. 이것이 기쁨이나 슬픔 등의 구체적 감정으로 드러나면 이제는 정(情)이 되는데, 사람의 정이 본성대로 적절하게 기뻐하고 노하고 슬퍼하고 즐기는 현상을 만들 수 있으면 그것이 화(和)며 이상적인 상태다. 그러나 인간의 감정은 적절한 수준으로 조절하기 어려운 것이다. 그래서 조심하지 않으면 자칫 지나치게 기뻐하거나 노하는 현실에 처하게 된다. 그래서 특별한 노력이 필요한데 그 핵심적인 방법이 경(敬)의 자세를 잃지 않는 것이다. 경은 경건하고 한결같은 마음과 정신을 지키는 것이다.

◎ 이천 선생이 말했다. "백순(伯淳, 정호의 자)이 예전에 어떤 창고에 한가히 앉아 긴 복도의 기둥을 마음속으로 세고 나서, 그 숫자를

의심하지 않았다. 그러나 다시 세어 보니 처음과 같지 않아 사람을 시켜 하나하나 소리 내어 세어 보게 하니 처음에 세었던 것과 다름이 없었다. 이를 통해 마음은 얽매고 집착하면 할수록 더 안정되지 않는다는 것을 알 수 있었다."

◎ 이천 선생이 말했다. "사람의 마음이 수인으로 자리 잡아 안정되지 않으면 이는 물레방아가 회전하며 요동치는 것과 같아서 잠시도 정지함이 없다. 마음은 수많은 것들과 감응하는데 마음을 자신의 주인으로 삼지 못한다면 어떻게 되겠는가!

장천기[張天祺, 횡거 선생(장재)의 동생]가 전에 다음과 같이 말한 적이 있다. '나는 몇 년을 정해 놓고 잠자리에 들면 아무 생각도 하지 않으리라고 다짐했다.' 아무 생각을 하지 않으려 한 다음에는 억지로 이 마음을 속박하게 되고, 또 마음을 어떤 형상에다 깃들여 놓고자 하게 된다. 이는 모두 자연스럽지 않은 일이다.

군실[君實, 사마광(司馬光, 1019~1086), 송나라 철종 때의 재상]은 '나는 방법을 찾았다. 그것은 '중(中)'만을 생각하는 것이다.'라고 했다. 그런데 이것은 다시 중에 속박되는 것이다. 중에 무슨 형상이 있겠는가!

마음속에는 항상 두 사람이 들어 있는 것 같다. 선행을 하고자 하면 악인이 있어서 그것을 방해하려는 것 같고, 악행을 하려 하면 또 그것을 부끄러워하는 마음이 있는 것 같다. 그러나 본래 두 사람이 있는 것이 아니라 마음속에서 선과 악이 서로 싸우고 있다는 증거일 따름이다. 자신의 뜻을 지켜서 기(氣)를 어지럽히지 않게 하면 큰 효험을 볼 수 있을 것이다. 중요한 것은 성현들은 이러한 마음의 병에 해를 입지 않았다는 것이다."

✛ 어떻게 하는 것이 마음을 제자리에 둘 수 있는 공부인가에 대한 의견이다. 마음을 혼란스럽지 않게 안정시킬 수 있는 방법 중의 하나는 집착하지 않는 것이다. 처음에는 구체적인 항목들을 통해 공부해 나가야겠지만 결국엔 어느 한 곳에 속박되지 않고 자연스럽게 대처할 수 있는 마음을 만들어야 한다. 세상은 끊임없이 변화하기 때문에 어제는 옳았던 일이 오늘은 아닐 수 있고, 오늘은 열심히 비판해야 하는 일이지만 다음 날엔 그렇게 하도록 촉진해야 할 일도 있다. 몇 십 년 전만해도 산아 제한이 사회적으로 선이었지만 지금은 어떻게 하면 아이를 낳도록 권장할 것인가가 사회적 고민인 것처럼 말이다. 그러니까 안정된 마음이란 일정하게 고정된 것이 아니라 변화에 적절하게 대처하여 중용을 지킬 수 있는 마음을 말한다.

6. 밝고 맑은 마음을 보존하는 법

◎ 이천 선생이 말했다. "다른 이를 감동시킬 수 없는 것은 성실함[성
(誠)]이 부족하기 때문이다. 일에 대해 싫증을 내고 게으른 것도 성
실[성(誠)]하지 못해서다."

◎ 이천 선생이 말했다. "마음을 보존하고 기르는 것을 익숙하게 한
다음에 태연하게 행동을 해 간다면 학문에 진보가 있을 것이다."

◎ 이천 선생이 말했다. "타인의 눈에 띄지 않는 외진 방에서도 부끄
러운 일이 없다면 마음이 편안하고 몸은 느긋할 것이다."

◎ 이천 선생이 말했다. "사람의 마음은 항상 살아 움직이도록 해야
한다. 그렇게 하면 끝이 없이 두루 움직여서 한 귀퉁이에서 막히지
않는다."

◎ 명도 선생이 말했다. "경(敬)의 자세를 유지하면 모든 잘못된 것을
물리칠 수 있다."

◎ 명도 선생이 말했다. " '경을 유지해 내면을 바르게 하고, 의(義)를

행하여 밖을 바르게 하는 것(敬以直內 義以方外)'(《주역》〈곤괘〉문언전)
이 바로 인(仁)이다. 경을 수단으로 삼아서 내면을 바르게 하고자
하면 바르게 할 수 없다. 반드시 노력을 하면서도 어떻게 되겠다
고 미리 기대하는 조급한 마음을 갖지 않는다면 결국 바르게 될 수
있다."

♣ 경은 경건하고 한결같은 마음과 정신을 지키는 것이다. 의는 올바
름이다. 유학의 기본 정신인 인은 내면을 경건하게 유지하면서 현실적
으로 옳은 것을 선택하는 데에서 실현된다.

◎ 명도 선생이 말했다. " '자신을 보전하지 못해 이로운 바가 없다(不
有躬 無有利).'[《주역》〈몽괘(蒙卦)〉효사(爻辭)]고 했다. 자신을 확립하지
못하면 비록 좋은 일을 하려 해도 외물에 의해 변해버린다. 세상의
만물이 나를 흔들도록 해서는 안 된다. 내가 확립된 다음에는 스스
로 세상의 만물을 감당할 수 있다."

◎ 이천 선생이 말했다. "거짓된 일을 막아내면 마음은 하나로 모아질
수 있다. 그러나 하나로 모으는 것을 주로 삼는다면 거짓된 일을
막아낸다는 말을 할 필요조차 없다.

   마음을 하나로 모으는 일이 어려워 공부할 수 없다고 하는 경우
가 있으니 어떻게 해야 할까? 하나로 모으는 것에는 다른 방법이

없다. 곧 외적으로 단정하고 가지런히 하고 내적으로는 엄숙하게 처신하면 마음은 곧 하나로 모아진다. 마음이 하나로 모아지면 잘 못되고 치우친 일로부터 방해를 받지 않을 수 있다. 이러한 뜻을 오래도록 함양하면 천리(天理)는 저절로 밝아질 것이다."

◎ 어떤 사람이 "아직 사물과 감응하지 않았을 때 마음은 어디에 머물고 있습니까?"라고 묻자, 이천 선생은 다음과 같이 말했다. " '잡으면 보존되고 놓으면 없어진다. 나가고 들어오는 데 정해진 때가 없으니 그 향방을 알지 못한다(操則存 舍則亡 出入無時 莫知其鄉).'(《맹자》〈고자 상〉 제8장)고 했으니, 어떻게 마음이 있는 곳을 찾을 수 있겠습니까? 다만 마음을 잡아야만 합니다. 마음을 잡는 방법은 경(敬)의 자세로써 내면을 바르게 하는 것입니다."

◎ 어떤 사람이 "사람이 한가히 있을 때 몸은 다소 방만하게 하더라도 마음은 흐트러지지 않게 할 수 있지 않습니까?"라고 물었다. 이천 선생은 다음과 같이 답했다. "어떻게 다리를 뻗고 오만하게 앉아서 마음은 방만하지 않을 수 있겠습니까? 예전에 한참 더운 유월에 여대림(呂大臨, 1046~1092, 중국 북송의 학자)이 구씨현(緱氏縣)으로 찾아 왔습니다. 그가 한가히 있을 때 내가 그를 살펴보았더니 그는 반드시 정돈된 자세로 단정하게 앉아 있었으니 돈독하다고 평가할

만합니다.

　배우는 사람은 반드시 공손하며 경(敬)한 자세를 가져야 하지만 그렇다고 억지로 얽매고 구속해서는 안 됩니다. 억지로 얽매고 구속하면 오랫동안 지속할 수 없습니다.”

◎ 이천 선생이 말했다. “사람은 꿈을 통해서도 자기 배움의 깊이를 판단할 수 있다. 그 꿈이 지나치게 혼란하다면 마음이 안정되지 못한 것이며, 마음을 붙들고 보존하는 것이 견고하지 못한 것이다.”

✤ 어떤 일을 잘 해야겠다고 마음 먹은 사람은 그의 행동에서 그 마음이 드러나기 마련이다. 새로운 다짐을 한 사람의 자세는 사뭇 바르고 힘이 들어가 있을 터이다. 유학은 마음이 더 중요하다고 해서 행동이나 자세는 아무렇게나 하는 것에 반대한다. 몸이 흐트러지면 역으로 마음도 그 영향을 받는다고 보기 때문이다. 항상 자신의 마음과 정신을 돌아보는 사람이면 심지어 잠잘 때까지도 암암리에 그 생각에 영향을 받는다는 말이다.

◎ 이천 선생이 말했다. “ ‘자신의 뜻을 지키고 기운을 해치지 않는다 (持其志 無暴其氣).’(《맹자》〈공손추 상〉 제2장)라는 말은 안[뜻(志)]과 밖[기운(氣)]이 서로를 기른다는 의미다.”

◎ 이천 선생이 말했다. "앎을 이루는 것[치지(致知)]은 마음을 함양(涵養, 능력이나 품성을 기르고 닦음)하는 것에 달려 있다. 앎의 능력을 기르기 위해서는 욕심을 줄이는 것보다 좋은 방법이 없다."

◎ 이천 선생이 말했다. "마음이 안정된 사람은 그 말이 무겁고도 너그럽지만, 마음이 안정되지 못한 사람은 그 말이 경박하고 조급하다."

◎ 횡거 선생이 말했다. "마음은 맑은 때가 적고, 대부분은 혼란스럽다. 마음이 맑을 때는 보는 것이 밝고, 듣는 것은 총명하며, 몸은 억지로 구속하지 않아도 저절로 공손하며 조심스럽다. 그러나 마음이 혼란할 때는 그와 상반되는 이유는 무엇일까? 그것은 마음을 쓰는 것이 미숙해서 헛된 생각이 많아지고 중심 잡힌 생각은 적기 때문이다. 또 세속적인 마음이 아직 제거되지 않아서 참된 마음이 완전하게 자리 잡지 못했기 때문이다."

◎ 횡거 선생이 말했다. " '움직이거나 고요하게 머무는 것에 적절한 시기를 놓치지 않는다면 도(道)가 밝게 빛난다(動靜不失其時 其道光明).'(《주역》〈간괘〉단전)고 했으니, 배우는 사람이 반드시 때에 맞게 행동(움직이거나 고요하게 머무는 행동)한다면 도가 가려지거나 어두워

지지 않고 명백해질 것이다.

　요즘 사람들이 배움을 시작한 지 오래되었어도 진보를 이루지 못한 이유는 바로 움직이거나 머물러야 할 때를 알지 못하기 때문이다. 다른 사람들이 동요하는 것을 보면 자기와 상관이 없는 일임에도 불구하고 자신이 해 오던 공부를 그만두고 거기에 휩쓸린다. 이는 성인의 학문에 근거해 보면 아득하고 암담한 일이니, 평생 그렇게 산다면 밝게 빛난다고 할 수가 있겠는가?"

✢ 철부지란 말의 유래는 씨를 뿌려야 할 철과 수확할 철을 알지 못하여 농사를 망치기 십상인 사람을 가리킨 데서 왔다. 자신감이 없는 사람은 자신이 처한 상황에 대한 판단력이 떨어진다. 그러니 그저 남의 말에 따라 일을 처리하거나 이러지도 저러지도 못하고 갈팡질팡하기도 한다. 바로 이런 사람이 철부지 아닐까. 그러나 자신의 주체성이 확실한 사람은 자기 의견에 근거해서 일을 행할 수 있는 사람으로서 성공 가능성도 높지만 혹시 일이 잘못되더라도 그 잘못된 부분을 스스로 파악할 수 있을 것이다. 그러면 다음번에는 좀 더 나은 행동을 할 수 있을 것이 분명하다. 그런데 사람의 주체를 확실하게 세워 주는 부분이 바로 마음이다. 그러니 유학에서 강조하는 인의 정신을 담은 마음을 유지하고자 노력하는 일이 바로 공부의 핵심인 것이다. 이를 위해 경(敬)의 자세를 강조하거나 바른 선택[의(義)]을 연습하는 학습을 강조했다.

◎ 횡거 선생이 말했다. "돈독(敦篤)하고 허정(虛靜)한 것이 인(仁)의 근본이다. 가볍거나 거짓되지 않은 것이 돈독한 것이고, 묶여서 한정되거나 어두워서 막히지 않는 것이 허정한 것이다. 이것은 갑자기 깨닫기는 어려운 일이다. 그것을 알려면 오랫동안 그러한 도를 익히고 체득해야 비로소 그 맛을 알 수 있을 것이다. 인(仁)도 역시 그와 같은 태도를 익숙하게 하는 것에 달려 있다."

처세하는 법

제 **3** 편 **처세하는 법** – 인간관계와 사회생활의 지혜

　　제3편에서는 인간관계와 사회생활에서 성공할 수 있는 기본자세에 대해 논하고 있다.

　　유학에서는 자기가 서 있는 자리에서 제 역할을 다하는 일을 무엇보다 중시했다. '군군신신부부자자(君君臣臣父父子子)'는 임금은 임금답고 신하는 신하답고 부모는 부모답고 자식은 자식답다는 말인데 이는 공자가 좋은 사회가 될 수 있는 조건으로 강조했던 말이다. 공자가 살았던 시대는 지금부터 이천오백여 년 전이었다. 따라서 그의 사상 안에는 현재의 우리가 받아들이기 어려운 점도 있을 것이다. 그러나 오늘에도 여전히 이 문장은 다시 해석될 수 있다. 정치하는 사람, 청소하는 사람, 사업하는 사람, 교육을 담당하는 사람, 학생 등 사회 각계의 사람들이 자기가 선 자리에서 제 일을 성실하게 해내는 것은 그 사회의 건강한 발전을 위해 중요한 일이다.

　　사람은 누구나 욕심을 가지고 있지만 그것을 돌아보고 제어할 수 있는 선한 본성도 지니고 있다는 것이 유학의 입장이다. 그러므로 바른 인격을 가진 사람으로 처세하기 위해서는 자주 자신의 행동을 돌아보는 시간을 가져서 성실함을 유지하도록 해야 한다. 이것이 인간관계에 앞서 갖추어야 할 개인의 기본자세이며 곧 제 역할을 다하기 위한 기초다.

　　윤리는 사람과 사람 사이의 관계를 좋게 만들기 위한 원리다. 공자가 "오래될수록 공경하는 것"이 친한 친구로 남을 수 있는 길이라 했던 말은 우리가 생활에서 공감할 수 있는 사실이다. 친구뿐 아니라 인간의 모든 관계에는 지켜야 할 것들이 있고 그것이 무시되면 좋은 관계가 될 수 없다. 유학에서 강조하는 윤리는 좋은 관계 곧 서로를 살리는 상생의 관계를 위한 제안인 것이다.

제1장
바람직한 인간관계

1. 스스로를 다스림

◎ 염계 선생이 말했다. "군자는 하루 종일 씩씩하고 부지런하게 노력해서 성(誠, 성실함)한 자세를 잃지 않아야 하는데, 이는 반드시 성냄을 고치고 욕심을 막으며 선한 행동을 하고 잘못을 바로잡은 뒤에야 이를 수 있는 경지다. 건괘의 적용에서 이보다 좋은 것이 없고 손괘(損卦)와 익괘(益卦)의 큰 가르침도 이보다 더한 것이 없다. 이런 가르침을 준 성인의 뜻이 깊구나!

'길함과 흉함, 뉘우침과 인색함은 행동에서 생긴다(吉凶悔吝 生於動).'(《주역》〈계사 하〉제1장)라고 했다. 아아! 길함은 그 중의 하나일 뿐이니 행동을 신중하게 하지 않을 수 있겠는가?"

♣《주역》〈손괘〉 상전에는 '군자는 성냄을 고치고 욕심을 막는다(君子以懲忿窒慾).'는 말이 나오고 《주역》〈익괘〉 상전에는 '군자는 선을 보면 그렇게 행하고, 잘못이 있으면 고친다(君子以見善則遷 有過則改).'는 말이 나온다. 성실함이란 화를 내거나 욕심을 내는 마음을 누르고 선한 행동을 실천하는 것을 통해 실현된다. 누구든 좋은 행동을 할 수 있고 또

자칫 잘못된 행동을 할 수도 있다. 욕심에 따른 행동을 따라가다 보면 이익이 되는 일은 무엇이든 하게 되고 욕심은 더 큰 욕심을 부르게 마련이다. 그렇게 되면 돌이킬 수 없는 잘못을 저지르거나 범죄를 저지르는 상황에도 이를 수 있다.

사람은 누구나 욕심을 가지고 있지만 그것을 돌아보고 제어할 수 있는 선한 본성도 지니고 있다는 것이 유학의 입장이다. 그런데 욕심을 따르기는 쉽고 본성으로 성찰하는 일은 노력이 필요하다. 그러므로 바른 인격을 가진 사람으로 처세하기 위해서는 자주 자신의 행동을 돌아보는 시간을 가져서 성실함을 유지하도록 해야 한다는 말이다.

◎ 이천 선생이 말했다. "공자의 제자 안연이 자신을 극복해서 예를 실천하는[극기복례(克己復禮)] 공부의 조목을 물었다. 이에 공자는 '예가 아니면 보지 말고, 예가 아니면 듣지 말며, 예가 아니면 말하지 말고, 예가 아니면 움직이지 말라.'고 답했다. 보고 듣고 말하고 움직이는 것은 몸의 작용이다. 내면으로 말미암아 외부의 대상에 대응하는 것이지만, 외부의 것을 제어하는 것이 그 내면을 기르는 방법이다.

안연이 이 말을 실천했던 것이 그가 성인의 길로 나아갈 수 있었던 근거였다. 후세에 성인이 되기 위해 공부하는 사람들은 마땅히 이 말을 가슴에 지니고 잃지 않아야 한다. 그래서 잠언을 지어 스스로를 경계했다.

보는 것에 관한 잠언을 말하자면 이렇다. '마음은 본래 텅 비어 사물에 반응하지만 자취가 없다. 마음을 잡는 데에 요점이 있으니 보는 것에 준칙이 있어야 한다. 앞에서 막히고 가려지면 그 내면이 옮겨가니 외부의 것을 제어해서 그 내면을 편안하게 해야 한다. 자신을 극복해서 예를 실천하는 공부가 오래 되면 성(誠)에 이르게 된다.'

듣는 것에 관한 잠언을 말하자면 이렇다. '사람이 가진 떳떳한 도리는 천성에 근본을 둔 것이다. 앎이 외물의 유혹을 받아 내가 변해버리면 드디어 그 바름을 잃는다. 탁월한 저 선각자들은 자신이 머물 곳을 알아서 마음이 안정되었다. 치우침을 막고 참됨을 보존해서 예가 아니라면 듣지 말라.'

말하는 것에 관한 잠언을 말하자면 이렇다. '사람 마음의 움직임은 말로써 표현된다. 말할 때 조급하거나 함부로 하는 것을 금하면 마음이 고요하고 하나로 모아진다. 더구나 말은 싸움을 일으키거나 우호적인 관계를 낳기도 하며, 길흉과 영욕(榮辱, 영예와 치욕)도 모두 말에서 기인한다. 말은 지나치게 쉽게 하면 방만(放漫, 맺고 끊는 데가 없이 제멋대로 풀어짐)해지고 지나치게 번잡하게 하면 갈피를 잡을 수 없게 된다. 자기가 함부로 하면 상대도 거스르게 되며 나가는 말이 어그러지면 되돌아오는 말도 어긋난다. 법도에 맞지 않으면 말하지 말라고 했으니 공경하라, 가르침의 말씀을!'

행동에 관한 잠언을 말하자면 이렇다. '명철한 사람은 사물의 징조를 알아서 생각할 때부터 성실하게 하고, 뜻 있는 선비는 행동하는 데에 엄격해서 행동할 때 자신의 뜻을 지킨다. 이치에 따르면 여유롭고 욕심을 좇으면 위태롭다. 급할 때라도 잘 생각하고 조심해서 자신의 지조를 지킨다. 습관과 본성이 일치되도록 한다면 성현과 같은 곳으로 귀일하게 되리라.'"

✤ 안연과 공자의 대화는 《논어》〈안연〉제1장에 나온다. 이 글은 정이천이 공자의 말을 가지고 보고 듣고, 말하고 행동할 때 지켜야 하는 기본자세를 잠언의 형태로 제시한 것이다.

◎ 명도 선생이 말했다.

"의리(義理)와 객기(客氣)는 항상 서로를 이기려 한다. 그 쇠하거나 성장하는 비율을 보고 군자와 소인을 구별할 수 있다. 의리를 얻는 것이 점차 많아지면 자연히 객기는 쇠하고 흩어져서 점점 작아짐을 알 수 있을 것이다. 객기가 다 없어지면 위대한 현인이 된다."

✤ 의리는 올바른 도리인데, 여기서는 마음에 있는 선한 본성을 가리킨다. 객기는 일시적으로 마음에 깃드는 감정이다. 중도(中道)를 벗어

난 기질이나 습관 등에 의해 일시적으로 일어나는 감정을 다스리지 못하고 하는 행위를 두고 '객기를 부린다.'고 표현한다.

◎ 어떤 이가 "사람은 모두 마음이 부드럽고 너그러워야 한다는 것을 알고 있지만 어떤 일에 직면해서는 도리어 사납고 거칠게 됩니다."라고 했더니, 명도 선생이 다음과 같이 말했다. "그것은 의지[지(志)]가 기운[기(氣)]을 이기지 못하고, 기운이 도리어 그 마음을 움직이기 때문입니다."

◎ 명도 선생이 말했다. "사람이 잡다한 생각을 털어 버리지 못하는 것은 옹졸하기 때문이다. 옹졸하기 때문에 호연지기(浩然之氣, 거침없이 넓고 큰 기개)를 지닐 수 없다."

◎ 명도 선생이 말했다. "노여움은 다스리기 어렵고, 두려움도 다스리기 어렵다. 자신을 이기면[극기(克己)] 노여움을 다스릴 수 있고, 이치를 밝히면 두려움을 이길 수 있다."

◎ 소옹(邵雍, 1011~1077, 북송의 대표적 유학자)은 '다른 산의 돌을 가지고 이 옥을 다스릴 수 있다.'라는 《시경》의 시구를 다음과 같이 해석했다.

"옥은 부드럽고 윤기 있는 물건이다. 그러므로 만일 두 개의 옥을 가지고 서로 갈면 잘 갈아서 다듬을 수가 없을 것이다. 반드시 그와 다른 거친 돌을 구해야 비로소 갈아서 다듬을 수가 있을 것이다. 이것을 비유하자면, 군자가 소인과 함께 있으면서 소인에게 압박을 당하게 되면 자신의 몸을 수양하며 삼가고 피하면서 '마음을 움직이고 인내를 기르며 할 수 없었던 것을 보충함(動心忍性 增益 其所不能)'(《맹자》〈고자 하〉제15장)으로써 아직 이르지 않은 일들을 예방하는 것과 같다. 이와 같이 하면 곧 도리가 분명해진다."

╬《맹자》의 인용문을 포함해서 이 글에서 말하고자 하는 핵심은 어려움 속에서 좋은 인격이 만들어질 수 있다는 말이다. 쉽고 편안한 환경에서는 누구든 무리 없이 잘 처신할 수 있을 것이다. 그러나 어려움과 곤란함이 따르는 때에 자신의 마음과 정신을 잃지 않고 잘 처신하는 일은 쉬운 일이 아니다. 그러나 이러한 과정을 통해 만들어진 인격은 비로소 뿌리가 튼실하게 내려서 흔들리지 않는 모습을 지킬 수 있다. 어려움은 피해야 할 일이 아니라 결국엔 내 자신을 멋진 사람으로 성장하게 해 줄 계기라는 점을 가르쳐 주는 문장이다.

◎ 명도 선생이 말했다. "눈은 날카로운 물건을 두려워하는데 이런 상태는 그대로 두면 안 되고 곧바로 극복해야 한다. 방 안에 날카로운 물건을 두고 이치로 그것을 이겨야 한다. 날카로운 것이 반

드시 사람을 찌르는 것은 아닌데 무엇 때문에 두려워할 필요가 있
겠는가?"

♣ 날카로운 물건을 두려워하는 사람이 있었는데, 정호는 그에게 방
안에 항상 날카로운 물건을 두고 친숙할 정도로 익숙하게 볼 것을 권
했다. 그러자 두려워하지 않게 되었다고 한다. 이 일화에는 자신을 극
복하는 공부도 이와 같이 해야 한다는 상징이 들어 있다.

2. 자신에게는 엄격하게, 타인에게는 관대하게

◎ 명도 선생이 말했다. "윗사람을 책망하고 아랫사람을 책망하면서 중간에 있는 자신에게는 너그러운 사람이라면, 어떻게 자신의 직분을 제대로 감당할 수 있겠는가?"

◎ 명도 선생이 말했다. "자신을 버리고 남을 따르는 일은 가장 어려운 일이다. 자기 몸은 내가 소유한 것이므로 매몰차게 버린다 해도 오히려 자신을 지키려는 생각이 견고해지고, 남을 따르려는 태도는 가벼워질 우려가 있다."

✝ 자기 위주로 생각하고 자신의 이익만을 지키고자 하는 생각을 경계한 말이다. 다른 사람에 대해서는 신랄한 비판을 서슴대지 않으면서 자신에게는 다양한 이유를 들어 합리화하고자 하는 것이 인지상정이다. 이런 보통의 마음을 넘어서서 공정한 태도를 갖고자 노력해야 한다는 말이다.

◎ 명도 선생이 말했다. "구덕(九德)이 가장 좋다."

✝ 《시경》〈고요모(皐陶謨)〉에는 고요가 사람을 알아보는 데 기준에 되는 아홉 가지 덕을 열거하는 내용이 나온다. 그 아홉 가지 덕은 '관대하면서 위엄이 있음[관이율(寬而栗)], 부드러우면서 뜻이 섬[유이립(柔而

立)], 성실하면서 공손함[원이공(愿而恭)], 다스려지면서 공경함[난이경(亂而敬)], 순종하면서도 꿋꿋함[요이의(擾而毅)], 곧으면서 따뜻함[직이온(直而溫)], 간결하면서 절도 있음[간이렴(簡而廉)], 굳세며 가득 참[강이색(剛而塞)], 강하며 의로움[강이의(彊而義)]'이다.

고요(皋陶)는 순임금에 의해 임명된 중국 최초의 법관으로 순을 계승한 우임금도 보좌했는데, 구덕(九德)은 고요가 우임금에게 올린 정치의 요체에 대한 견해에 나오는 말이다. 고요는 사람을 알아보고[지인(知人)], 백성을 편안하게 하는[안민(安民)] 것을 정치의 요체로 제시했는데 구덕은 사람의 인품을 알아볼 수 있는 근거라고 설명했다.

◎ 이천 선생이 말했다. "사람에게 몸이 있으면 곧 자신을 위하고자 하는 이치가 생기니 도(道)와 일치하는 것이 어려운 게 당연하다."

◎ 이천 선생이 말했다. "자신에게 죄가 있으면 스스로 책망하는 일이 없을 수 없다. 그러나 오랫동안 가슴속에 두고 후회해서는 안 된다."

◎ 어떤 이가 "사람이 말을 성급하게 하는 것은 기운(氣)이 안정되지 못해서인가요?"라고 물으니, 이천 선생이 "이것도 마땅히 학습해야 하는 것입니다. 학습해서 언어가 자연스럽게 느려지는 상태에

이르면 곧 기질도 그렇게 변합니다. 공부는 기질을 변화시키는 데까지 가야 비로소 효과를 거두게 됩니다."라고 말했다.

◎ 어떤 이가 질문하기를, " '노여움을 옮기지 않고 같은 잘못을 두 번하지 않는다(不遷怒 不二過).'《논어》〈옹야〉제2장)라는 말은 무슨 뜻입니까? 〈어록〉에서 '갑에게 화를 낸 것을 가지고 을에게 화를 내지 않는다.'라고 했던 말이 그런 경우를 설명하는 것입니까?" 하니, 이천 선생이 "그렇습니다."라고 답했다.

그러자 "이런 정도라면 너무 쉬운 일인데 왜 안자와 같은 현인이되어야 가능하다고 했는지요?"라고 다시 물었다. 이에 이천 선생이 다음과 같이 답했다.

"그처럼 대강 말했더니 여러분들이 쉽다고 말을 하는군요. 그러나 이것은 무엇보다 어려운 일입니다. 반드시 어떻게 해야 노여움을 옮기지 않을 수 있는지 그 원인을 알아야만 합니다.

예컨대 순임금이 네 사람의 악인을 처벌했던 경우처럼 그 노여움은 네 사람의 악인에게 달려 있었던 것이지 순임금이 거기에 대해 무엇을 관여했겠습니까? 그러니까 사람에 따라서 노여워할 만한 일이 있으면 노여워하는 것이지 성인의 마음에는 본래 노여움이 들어 있지 않습니다. 이것을 비유하자면, 맑은 거울에 좋은 물건이 비춰지면 좋게 보고 나쁜 물건이 비춰지면 나쁘게 보는 것이지 거울에 호오(好惡, 좋음과 나쁨)의 감정이 들어 있지 않은 것과 같습니다.

세상 사람들 가운데는 집에서 화나는 일이 있을 때 시장에 나와서 그 표시를 내는 사람들이 있습니다. 또 어떤 사람에게 화가 났는데 그 사람에게 말하면서 화난 티를 내지 않을 수 있겠습니까? 그러니 어떤 사람 때문에 화가 났는데 다른 이에게는 그 기색을 보이지 않는 사람처럼 인내할 수 있는 사람이라면 올바른 도리를 잘 아는 것입니다. 성인이라면 외부의 대상에 따를 뿐 노여움이 자기 안에 존재한 적이 없습니다. 이는 매우 어려운 것이 아닐까요?

군자는 외물(外物)을 부리고, 소인은 외물에게 부림을 당하는 법입니다. 지금 기뻐하거나 화날 만한 일을 행하며 자신이 그 일부(기쁨과 노여움)를 지니고 행하니 이는 역시 수고로운 일입니다. 성인의 마음은 고요한 물과 같습니다."

◎ 이천 선생이 말했다. "사람에게는 보는 것이 가장 먼저 작용한다. 예가 아닌 것은 보지 말라고 한 것은 쳐다보면 곧 잘못되는 상황을 가리킨다. 보는 것 다음에는 듣는 것, 그 다음은 말하는 것, 그 다음은 행동하는 것이다. 이와 같이 선후의 차례가 있다. 사람이 극기할 수 있으면 마음이 넓어지고 몸에는 윤기가 돌며, 하늘을 우러

러 부끄러움이 없고 땅을 굽어보아 부끄럽지 않을 것이니 그 즐거움을 알 만하다. 그런데 그런 극기의 노력을 멈추게 되면 곧 결핍을 느끼게 된다."

✢《대학》〈전〉제5장에는 "부유함은 집을 윤택하게 하고 덕은 몸을 윤택하게 하니 마음이 넓어지고 몸에 윤기가 돈다. 그래서 군자는 반드시 그 뜻을 참되게 한다(富潤屋 德潤身 心廣體胖 故君子必誠其意)."라는 말이 나온다. 또한 《맹자》〈진심 상〉제20장에는 군자의 세 가지 즐거움에 대해 말하는 내용이 나온다. 첫째는 부모가 모두 살아 계시고 형제에게 아무 일 없는 것이며, 세 번째는 천하의 영재를 얻어 교육하는 것이라 했는데, "하늘을 우러러 부끄러움이 없고 땅을 굽어보아 사람에게 부끄럽지 않은 것이 두 번째 즐거움이다(仰不愧於天 俯不怍於人 二樂也)."라고 했다. 이것을 안연의 극기복례에 맞추어 설명한 내용이다.

◎ 이천 선생이 말했다. "성인은 자신이 타인을 대우한 것에 대해 책망한 부분은 많지만, 타인이 자신에게 반응한 것을 탓한 부분은 적다."

◎ 사상채(謝上蔡, 1050~1103, 상채는 호로 본명은 사량좌인데 중국 송나라 때의 유학자)가 스승인 이천 선생과 떨어져 지낸 지 일 년이 된 후에 선생을 뵈러 왔다. 이천 선생이 "떨어져 지낸 지 일 년인데 그간 어떤 공부

를 했는지요?"라고 물었다.

사상채는 "자만하는 것을 없애고자 했습니다."라고 답하니, "무엇 때문인가요?" 하고 되물었다.

"자세히 점검해 보니 모든 잘못은 다 자만함에 근원한 것이었습니다. 그래서 이러한 허물만 억제할 수 있다면 발전할 수 있을 것 같았습니다."

이천 선생이 고개를 끄덕이며 함께 앉아 있던 문인들에게 말했다.

"이 사람이 한 공부가 '간절하게 묻고 가까운 데서 생각해 보는 것'입니다."

✤《논어》〈자장〉 제6장에 "자하가 말하기를 '널리 배우면서 뜻을 돈독히 하고, 간절하게 묻고 가까운 데서 생각해 보면 인은 그 안에 있다(子夏曰 博學而篤志 切問而近思 仁在其中矣).' "라는 말이 나온다. 이렇게 가깝게 자신의 문제점부터 생각해 보는 것이 올바른 학문의 자세라는 점을 강조한 말이다.

3. 사람을 소중히 여기는 마음

◎ 횡거 선생이 말했다. "맑고 순수한 것이 기(氣)의 근본이다. 공격해서 빼앗으려는 것은 기의 욕구다. 입과 배가 음식을 원하고 코와 입이 향기와 맛을 구하는 것은 모두 공격해서 빼앗고자 하는 성향에서 나온다. 그런 원리를 아는 사람은 적당한 데에서 멈출 뿐이다. 그리하여 좋아하는 것을 하고자 하는 욕구로 마음을 상하게 하지 않으며, 작은 것으로 큰 것을 방해하지 않고, 말단 때문에 근본을 잃지 않는다."

✛ 우리의 몸과 연관된 것이 기다. 그리고 몸에 필요한 생존 요건들은 우리에게 필수적이다. 그런데 도를 넘어서서 욕심을 부리게 되면 결국 우리 몸을 망치게 할 수 있다는 경계다.

◎ 횡거 선생이 말했다. "자신의 잘못을 질책하는 사람은 세상의 모든 일이 잘못되었다고 할 수 없다는 이치를 당연히 알고 있다. 그러므로 공부를 해서 다른 이를 원망하지 않는 데에 이르게 되면 학문이 성숙했다고 하는 것이다."

✛ 일이 잘못되었을 경우 자신을 반성해서 그 원인을 찾기보다 외부적 상황에 그 원인을 돌리려는 보통 사람들의 마음을 경계한 구절이다.

◎ 횡거 선생이 말했다. "도(道)에 마음을 가라앉히고 있다가 문득 다른 생각에 이끌리게 되는 것은 이 기(氣) 때문이다. 옛날의 습관에 얽매여서 그것을 벗어나지 못하면 결국 자신에게 유익할 것이 없고 단지 옛날 습관을 즐길 뿐이다.

옛사람들은 벗과 거문고와 책들을 얻어서 항상 마음에 그것들을 담아 놓고자 했다. 성인은 벗으로부터 얻는 유익함이 많다는 것을 알았기 때문에 벗들이 자신에게 찾아오는 것을 기쁘게 생각했다."

✤ '벗들이 자신에게 찾아오는 것을 기쁘게 생각했다.'는 말은 《논어》〈학이〉 제1장의 '벗이 있어 먼 곳으로부터 찾아오면 또한 즐겁지 아니한가(有朋自遠方來不亦樂乎)!'라는 구절을 가리킨다. 벗은 학문과 선을 권하는 이로움이 있고, 거문고는 감정과 성품을 조절하는 기능을 하며, 책에는 다양한 지식이 들어 있다. 따라서 예로부터 선비들은 이 세 가지를 중요하게 여겼던 것이다. 이 글은 그 중 벗과의 교유에서 얻는 이로움이 가장 크다는 점을 강조했다.

◎ 횡거 선생이 말했다. "경박함을 교정하고 게으름을 경계한다."

✤ 경박하면 마음이 들뜨고 조급하며, 게으르면 해이하고 태만하다. 이 두 가지는 학문을 하는 일에서 큰 걸림돌로 작용한다. 이 둘은 서로 다른 양상이지만 실은 서로의 원인이 된다. 그리하여 학문을 해서 자

기 계발을 해 갈 때에 반드시 경계해야 할 것들이다.

◎ 횡거 선생이 말했다. "군자는 타인의 비평을 염려해서 지나치게 부드럽거나 유약할 필요가 없다. 우러러 보는 데에도 절도가 있어야 한다. 시선에는 상하가 있는데, 시선이 높으면 기(氣)가 높아지고, 시선이 낮으면 마음이 부드러워진다. 그러므로 나라의 왕을 바라볼 때에는 시선을 왕의 허리띠가 있는 중앙 부분을 떠나지 않도록 했던 것이다.

배우는 사람은 우선 반드시 객기를 제거해야 한다. 사람됨이 지나치게 강하면 끝내 학문의 길로 나아가려 하지 않을 것이다. 그래서 '자장(子張)은 그 모습이 당당하나 그와 함께 인(仁)을 행하기는 어려울 것이다(堂堂乎張也 難與竝爲仁矣).'(《논어》〈자장〉 제16장)라고 했던 것이다.

눈은 사람이 항상 사용하는 것이고 또 마음은 항상 눈에 의탁한다. 시선을 상하로 두는 것을 시험해 보면, 자신이 공경하는가 오만한가는 반드시 시선에서 드러난다. 자신의 시선을 아래로 향하고자 하는 것은 그 마음을 부드럽게 하려는 것이다. 마음이 부드러우면 듣고 말하는 것이 공경스럽고 또 믿음직하다.

사람이 벗을 두는 것은 놀기 위해서가 아니라 자신이 인(仁)을 행하는 데에 도움이 되기 위해서다. 그런데 오늘날 사람들이 벗과 교우할 때에는 듣기 좋은 말을 하고 부드러운 사람을 골라서 사귄다. 그리하여 어깨를 치고 소매를 잡는 등의 행위로써 의기투합했다고 하다가, 한마디라도 서로 합치되지 않는 것이 있으면 서로에게 화를 낸다. 벗과 사귈 때에는 서로 낮추기를 주저하지 않으려해야 한다. 그러므로 벗들 간에 공경함을 위주로 하는 사람들은 나날이 서로 친해져서 서로 인을 도와주는 효과를 가장 빠르게 얻을 수 있을 것이다.

공자는 일찍이 다음과 같이 말했다. '나는 (어린 사람이) 윗사람의 자리에 머물거나, 선생님과 나란히 걷는 경우를 보았다. 이는 학문의 유익함을 구하려는 태도가 아니라 빨리 이루고자 하는 것이다(子曰 吾見其居於位也 見其與先生竝行也 非求益者也 欲速成者也).'(《논어》〈헌문〉 제47장) 그러니 배우는 사람은 우선 반드시 온유해야 한다. 온유하면 배움이 진보할 수 있다."

✤ 자장은 공자의 제자 중 행동이 앞서는 것으로 유명한 사람이었다. 불같은 성질 때문에 때로 자신의 생명도 불사하는 의협심을 내세워서 공자에게 걱정의 말을 많이 들었다. 이 문장에는 평정심을 유지하면서 사물을 보고 사람을 대할 수 있도록 감정을 조절하는 것이 중요하다는 가르침이 들어 있다.

4. 편안한 집안

◎ 횡거 선생이 말했다. "세상에서 학문이 제대로 연구되고 교육되지 않아서 사람들이 어려서부터 교만하고 게을러졌으며 기강이 무너졌다. 그리고 성장해서는 더욱 비뚤어지고 만다. 이는 자제(子弟)로서의 도리를 행하지 않아서 부모를 대하는 태도에서도 이미 자신과 타인으로 구분하고 자신을 낮추는 것을 거부하기 때문이다. 이러한 병폐의 뿌리가 항상 존재하다가 처하는 상황에 따라 자라나면 죽을 때까지 변함없는 모습일 것이다.

자제가 되어서 물 뿌려 청소를 하거나 어른의 부름에 공손히 대답하는 등의 기본 예절을 행할 수 없고, 벗을 사귀면서 벗에게 자신을 낮추지 못하고, 관리가 되어 관청의 장에게 자신을 낮추지 못하고, 나라의 재상이 되어 천하의 현자들에게 자신을 낮추지 못한다면, 심지어는 사사로운 생각에 매달려 의리를 모두 잃어버리게 될 수도 있을 것이다. 이것은 병의 뿌리가 제거되지 않아서 거처하는 장소나 접하는 사람에 따라 자라나기 때문이다. 사람이 하나하나의 일에서 그러한 병폐를 없애 버린다면 의리가 항상 이길 것이다."

◎ 이천 선생이 말했다. "젊은이들은 직분을 다하고 여력이 있으면 학

문을 하는 것이다. 자신의 직분을 행하지 않고 먼저 글을 읽는 것
은 자기를 위하는 학문[위기지학(爲己之學), 즉 자신을 닦아 성인이 되고
자 하는 학문]이 아니다."

◎ 이천 선생이 말했다. "윤리를 바르게 하고 은혜와 의리를 돈독히
하는 것이 한 집안사람으로서의 도리다."

◎ 이천 선생이 말했다. "사람이 집에 거처할 때 뼈와 피를 나눈 부모
와 자식 사이에는 대개 정이 예의를 이기고, 은혜가 의(義)를 빼앗
게 된다. 오직 의지가 강하게 확립된 사람만이 사사로운 사랑 때문
에 바른 이치를 잃지 않을 수 있다. 그러므로《주역》〈가인(家人)괘〉
의 기본 요점은 강직함이 좋다고 여기는 것이다."

✤ 윤리는 사람과 사람 사이의 관계를 좋게 만들기 위한 원리다. 아무
리 친한 친구라도 함부로 말을 하고 상처 되는 행동을 쉽게 해버리면
더 이상 친한 친구가 되기 어려울 것이다. 친한 사람일수록 지켜야 할
무언의 도리가 있는 것이다. 공자가 "오래될수록 공경하는 것이 친한
친구로 남을 수 있는 길" 이라 했던 말은 우리가 생활에서 공감할 수
있는 사실이다. 친구뿐 아니라 인간의 모든 관계에는 적정한 선과 지
켜야 할 것들이 있고 그것이 무시되면 좋은 관계가 될 수 없다. 윤리는
답답하고 필요 없는 형식이 아니라 좋은 관계를 위한 일종의 마지노선

이라 할 수 있다. 유학에서 강조하는 윤리는 좋은 관계 곧 서로를 살리는 상생의 관계를 위한 제안이다.

◎ 이천 선생이 말했다. "가인괘 상구(上九)의 효사(爻辭)에서는 '집안을 다스리려면 위엄이 있어야 한다.'라고 했다. 이것에 대해 공자가 또 한 번 경계하기를 '마땅히 먼저 자신에게 엄격해야 한다. 집안을 다스리는 사람이 위엄을 자신에게 먼저 행하지 않는다면 사람들은 그를 원망하고 따르지 않는다.'라고 했다."

◎ 이천 선생이 말했다. "귀매괘(歸妹卦)의 구이효(九二爻)가 부인이 '고요함과 바름을 지킬 수 있다.'라고 한 것은 부부 사이에도 항상 지켜지는 바른 도를 잃지 않는다는 뜻이다. 세상 사람들은 부부가 서로 격식을 차리지 않고 친하게 지내는 것이 가장 좋은 것이라 생각한다. 그래서 서로 바르고 조용한 상태로 대하는 것을 옳지 않게 여기니, 이는 오래도록 유지할 수 있는 방법을 알지 못하는 것이다."

✤ 부부가 오래도록 잘 살 수 있는 비결은 서로를 존중하는 마음에 기초해서 상대를 배려하는 자세를 갖는 것이다. 당장 좋은 것만 주목해 허물없이 가깝게 지내는 것이 최고라고 생각하기 쉽지만 그것은 오래도록 좋은 관계를 유지할 수 있는 기본자세가 될 수 없다.

제2장
사회생활의 지혜

1. 처세의 무기는 덕(德)

◎ 이천 선생이 말했다. "현명한 사람이 아랫자리에 있으면서 어떻게 스스로 나아가 임금에게 관직을 구할 수 있겠는가? 만약 스스로 관직을 구한다면 신임 받으며 등용될 수 있는 이치가 없다. 옛 사람들이 임금이 그들에게 공경함을 보이고 예를 다 갖추어서 요청하기를 기다린 후에 갔던 것은 스스로 높고 크게 되고자 한 것이 아니다. 덕(德)을 높이고 도(道)를 즐기는 마음이 그와 같지 않다면 함께 일을 도모하기에 부족하기 때문이다."

◎ "비괘(比卦)는 길하다. 점친 것을 생각해 보아 으뜸이 되고[원(元)] 오래할 수 있고[영(永)] 곧으면[정(貞)] 탈이 없다."《주역》〈비괘〉단사)라고 한 부분에 대해 이천 선생은 전(傳)에서 이렇게 말했다. "사람이 서로 친하고 가깝게 지내는 데에도 반드시 도리가 있다. 만일 그 도리가 지켜지지 않는다면 후회와 탈이 생길 것이다. 그러므로 반드시 점친 것을 미루어 생각해 보고 가깝게 지낼 만한 사람을 결

정해서 그와 친하게 지내야 한다. 친한 사람이 으뜸이 되고 오래할 수 있고 곧다면 탈이 없을 것이다. 으뜸이 된다는 것은 임금이나 윗사람의 도리를 지녔다는 말이고, 오래할 수 있다는 것은 항상오래갈 수 있음을 말하며 곧다는 것은 바른 도리를 얻은 것을 말한다. 윗사람이 아랫사람을 가까이 하면서 반드시 이 세 가지를 지니고, 아랫사람이 윗사람을 따르며 반드시 이 세 가지를 구한다면탈이 없을 것이다."

✤ 윗자리에 있는 사람, 아랫자리에 있는 사람이 모두 자신의 위치에서 상대를 배려하는 태도를 보여 줄 때 그들 간의 상호 관계가 잘 이루어진다는 말이다. 그렇지 않고 윗사람이라 해서 상대를 함부로 대하거나, 지위가 낮다고 해서 상대에게 비굴하게 구는 것은 모두 좋은 관계가 될 수 없는 것이다.

◎ 이천 선생이 말했다. "대인은 꽉 막힌 상황에 처하더라도 바른 절개를 지켜 소인의 무리에 섞이지 않는다. 그러므로 몸은 비록 어려운 상황이지만 그의 도(道)는 형통(亨通)한 것이다. 그래서 '대인은막혀 있더라도 형통하다.'(《주역》〈부괘〉 단전)라고 했다. 도에 의거하지 않으면서 몸이 형통한 것은 곧 도가 막힌 것이다."

◎ 이천 선생이 말했다. "사람이 따르는 바가 바르면 거짓됨을 멀리

할 수 있고, 잘못된 것을 따르면 옳음을 잃게 된다. 두 가지를 모두 따를 수 있는 이치는 없으니 수괘(隨卦)의 육이효(六二爻)가 초구효(初九爻)에 얽매여 있다면 구오효(九五爻)를 잃는다. 그래서 상전(象傳)에서 '겸하여 함께 할 수 없다.'고 했으니, 이것은 사람이 바른 것을 따르는 일은 당연히 하나로 일관해야 한다고 경계한 말이다."

✛ 어렵고 이익이 적은 것처럼 보이더라도 바른 길을 따르고 공정한 사람과 함께해야 한다는 점을 말한 것이다.

◎ 이천 선생이 말했다. "《주역》에서 진괘(晉卦)의 초육(初六)은 낮은 지위에서 처음으로 나아가는 자리니 어떻게 갑자기 윗사람의 깊은 신임을 받을 수 있겠는가? 윗사람이 아직 신임하지 않는다면 마음을 편안히 해서 스스로를 지키며 온화한 용모와 너그러움을 지니고서 급하게 윗사람의 신임을 얻고자 하지 않아야 한다. 만약 신임을 얻고자 하는 마음이 절실하면 거기에 급급해서 지켜야 할 것을 잃거나 발끈해서 의(義)를 해치게 될 것이다. 그래서 '나아가든 물러나든 올바르면 길하고, 신임이 없을 때에도 여유가 있으면 길하다.'고 했다.

그러나 성인은 또 뒷사람들이 너그럽고 여유 있다는 뜻을 잘못 이해해서 이미 어떤 지위를 가진 사람이 직분을 다하지 않고 지킬 것을 지키지 않으면서 그것을 너그럽고 여유로운 것이라 주장할까 걱정했다. 그래서 특별히 '초육(의 효사)에서 여유로운 것이 허물이 없다.'라고 한 것은, 처음 나아갔으나 아직 직무를 받지 않았기 때문이다. 만일 관직을 받은 상황인데 윗사람의 신임을 받지 못하고 그 직분을 다하지 못한다면 하루라도 그 자리에 머물러서는 안 된다.

그런데 일은 모두 똑같지 않기 때문에 관직에 오래 머물거나 신속하게 그만둘 것인지는 오직 상황에 따라 행해야 하는데, 또한 그것을 파악할 수 있는 조짐이 있을 것이다."

♣ 빨리 성공하고 싶은 욕심 때문에 일을 그르치면 안 된다는 경계다. 자신이 갖추어야 할 역량을 잘 준비하고 때를 기다려서 적절한 상황이 왔을 때 주저 없이 자신의 기량을 발휘할 수 있도록 하는 것이 중요하다. 타인의 신임은 한 순간에 만들어지는 것이 아니고 항상 자기 자리에서 성실함을 잃지 않고 생활하는 것이 그 기반이 되어 준다는 말이기도 하다.

◎ 이천 선생이 말했다. "바르지 않게 만났는데 오래도록 헤어지지 않게 되는 경우는 없다. 바른 도로써 만났다면 자연스럽게 끝까지 어긋날 리가 없다. 그러므로 현명한 사람은 이치에 따라서 편안하게 행하고, 지혜로운 사람은 기미(幾微, 어떤 일이 일어날 조짐이나 낌새)를 알아서 굳게 지킨다."

2. 진인사대천명(盡人事待天命)

◎ 이천 선생이 말했다. "군자가 곤궁한 상황을 맞아 그것을 막고자
하는 방도를 다 써보았는데도 그것을 벗어나지 못했다면, 이것은
운명이다. 그런 운명을 잘 이해하고 자신의 뜻을 이루어야 한다.
운명이 당연하다는 것을 알면 궁색하거나 어려움이 닥쳐도 그 마
음이 동요하지 않고, 내가 옳다고 여기는 것을 행할 뿐이다.

운명을 제대로 알지 못하면 험난함을 두려워하고 재난에 시달려
서 지킬 바를 잃게 될 것이다. 그렇다면 어떻게 선을 행하려는 뜻
을 이룰 수 있겠는가."

◎ 이천 선생이 말했다. "가난한 선비의 아내와 약한 나라의 신하는
각자 올바른 것을 편안하게 여겨야 한다. 힘을 택해 따른다면 그것
은 대단히 잘못된 일이니, 세상에서 받아들여지지 않을 것이다."
✛ 어려운 상황에 처했을 때 군자의 자세를 밝히는 말이다. 운명을 받
아들이고 스스로 옳다고 여기는 바를 행하는 것이 곤궁한 상황에 처한
군자가 지켜야 할 도리라는 말이다.

◎ 이천 선생이 말했다. "정괘(井卦)의 구삼효(九三爻)는 우물을 깨끗하
게 치워 놓았으나 사람들이 마셔 주지 않는 형상이니, 이는 재주와

지혜를 가진 사람이 등용되지 못해서 자신의 도를 실현할 수 없어 근심하는 것과 같다. 효의 모양이 강하면서 중(中)이 되지 못하기 때문에 실행하는 것에서 간절한 모양이니, '등용되면 행하고 등용되지 못하면 안으로 간직한다(用之則行 舍之則藏).'(《논어》〈술이〉 제10장)는 상황과는 다르다.

◎ 이천 선생이 말했다. "《주역》〈혁괘(革卦)〉의 육이효(六二爻)는 중정(中正, 어느 한쪽으로 지나치거나 모자람이 없이 곧고 올바름)하니 기울어지거나 치우침이 없고, 문장이 분명하여 일의 이치를 완전하게 이해한다. 윗사람과 잘 대응하여 권세를 얻고, 바탕이 순리에 맞으니 어긋나거나 거스르지 않는다. 윗사람과 조화를 이뤄 좋은 자리를 얻으며 재주가 그에 충분한 경우이니, 변혁의 때에 가장 잘 대처하는 것이다. 그런데 반드시 상하의 신임이 생기기를 기다려야 하므로 '적당한 날이 되어서 곧 변혁한다(已日乃革之).'(《주역》〈혁괘〉 육이효의 효사)는 것이다.

　육이효와 같은 재능과 덕을 가지고 있다면 나아가 그 도를 행해야 길하고 허물이 없을 것이다. 만일 나아가지 않는다면 행해야 할 때를 잃는 격이라 허물이 생긴다."

✢ 때로는 과감한 행동도 필요하다는 말이다. 준비하는 자세를 잃지 않아야 하고, 빨리 성공하고자 욕심내는 것도 피해야 할 일이지만 그

렇다고 해서 늘 소극적으로 기다리는 것만이 좋은 일은 아니다. 내실을 갖춘 사람의 용기 있는 행동은 세상을 변화시키는 동력이 되기 때문이다.

◎ 이천 선생이 말했다. "솥에 물건이 가득 차 있다는 것은 사람이 재능과 학문을 갖추고 있음을 상징한다. 이런 사람은 나아갈 바를 신중하게 해야 한다. 나아가는 것이 신중하지 못하면 옳지 못한 데에 빠지게 될 것이다. 그래서 '솥이 가득 차 있으니, 나아가는 바에 신중해야 한다(鼎有實 愼所之也).'(《주역》〈정괘〉 구이 상전)라고 했던 것이다.

✛ 구슬이 서 말이라도 꿰어야 보배란 말이 있다. 좋은 것을 많이 가지고 있더라도 그것을 잘 조직하여 적절히 사용해야 그 의미를 살릴 수 있다는 말이다. 이 문장에서 말하는 내용도 그와 비슷하다. 곧 재능과 능력을 가진 사람이라도 신중히 처신하지 못한다면 실패할 수 있으니 항상 자신의 행동을 신중히 해서 자신이 가진 능력을 충분히 발휘할 수 있도록 해야 한다는 의미다.

◎ 이천 선생이 말했다. "선비가 높은 지위에 있을 때 (군주의 잘못을) 고쳐주어야 하지 그것을 따르는 일은 없어야 한다. 낮은 지위에 있다면 고쳐주는 경우도 있고 따라야 하는 경우도 있으며, 고치려는 노

력이 이루어지지 않은 후에 따르는 경우도 있다.”

◎ 이천 선생이 말했다. “ ‘군자는 생각이 자신의 자리를 벗어나지 않
는다(君子·思不出其位).’(《논어》〈헌문〉제28장·《주역》〈간괘〉상전)라고 했으
니, 자리는 자신이 지켜야 할 본분을 말한다. 모든 일에는 지켜야
할 자기 사리가 있는 법이니 그 자리를 얻으면 멈추고서 편안하
게 자리 잡아야 한다. 만일 행해야 하는데 머무르거나, 급하게 처
리해야 하는데 오랫동안 하거나, 일을 지나치거나 미치지 못하게
하는 것은 다 자기 자리를 벗어난 것이다. 더구나 자신의 본분을
넘어서거나 있어야 할 자리가 아닌 곳에 있는 경우는 더 말할 것
도 없다.”

◎ 이천 선생이 말했다. “사람이 족함을 알고 멈추어 있기란 끝까지
지속하기가 어렵다. 그래서 절개가 나이 들어 변하거나, 지키는 바
를 끝에 가서 잃어버리거나, 일이 오래 걸리자 그만두는 등의 일
들은 사람들이 공통으로 근심하는 바다. 그래서 《주역》〈간괘〉상
구(上九)의 효사에서 ‘머무는 것이 돈독하면 길하다.’라고 했던 것
이다.

　✛ 유학에서는 자기가 서 있는 자리에서 제 역할을 다하는 일을 무엇
보다 중시했다. ‘군군신신부부자자(君君臣臣父父子子)’는 임금은 임금답

고 신하는 신하답고 부모는 부모답고 자식은 자식답다는 말인데 이는 공자가 좋은 사회가 될 수 있는 조건으로 강조했던 말이다. 공자가 살았던 시대는 지금부터 이천오백여 년 전이었다. 따라서 그의 사상 안에는 현재의 우리가 받아들이기 어려운 점이 있다. 이 문장에서도 계급 질서를 옹호하는 생각이 들어 있고 그것은 받아들일 수 없는 부분이다. 그러나 오늘에도 여전히 이 문장은 다시 해석될 수 있다. 정치하는 사람, 청소하는 사람, 사업하는 사람, 교육을 담당하는 사람, 학생 등 사회 각계의 사람들이 자기가 선 자리에서 제 일을 제대로 해내는 것은 그 사회의 건강한 발전을 위해 중요한 일이다. 《근사록》의 위 문장에서 자기의 자리를 인식하고 그에 맞게 행동할 줄 아는 것의 중요함을 논한 것과 연관해서 생각해 볼 수 있는 일이다.

◎ 이천 선생이 말했다. "현자는 오직 의(義)를 알 뿐이다. 운명은 그 속에 있다. 보통 사람 이하의 경우는 운명에 근거해서 의를 따른다. '구하는 데에는 도리가 있고, 얻는 것에는 운명이 있다. 구하는 것은 얻는 것에 도움이 되지 않는다(求之有道 得之有命 是求無益於得)'《맹자》〈진심 상〉 제3장)라고 말한 것은 운명은 구해서 되는 것이 아님을 알기 때문에 구하지 않는다고 자처한 것이다.

현자의 경우는 도로써 구하고 의로써 얻으니 운명을 말할 필요가 없다."

✛ 사람에게는 운명이란 것이 존재하지만 그것을 미리 점쳐 보고 거기에 구속되는 행동은 어리석다는 말이다. 어떤 상황과 만나면 최선을 다해 그 상황을 바르게 처리하려고 고민하는 것은 반드시 지향해야 할 태도다. 그 과정에서 혹 사람의 힘으로 어쩔 수 없는 일이 드러날지도 모르지만 그것은 자연의 한 과정처럼 사람이 관여할 부분은 아니다. 어써련 운녕은 내가 열심히 노력하는 과정에서 스스로 만들어가는 것일지도 모른다. 그런 과정이 중요하다는 의미다.

◎ 이천 선생이 말했다. "사람이 환난의 상황에 대처하는 방법은 한 가지가 있을 뿐이다. 그것은 사람이 할 수 있는 최선을 다한 다음에는 태연하게 처신하는 것이다. 사람이 어떤 일을 만나서 끊임없이 마음에 두고 염려하기를 포기하지 않는다 해도 결국 무슨 도움이 되겠는가. 그렇다고 일을 처리하지 않고 내버려 둔다면 이는 의(義, 사람으로서 지키고 행해야 할 바른 도리)와 명(命, 목숨)을 무시하는 행위다."

3. 공적(公的) 이익이 곧 정의

◎ 이천 선생이 말했다. "사람이 진실로 '아침에 도(道)를 들으면 저녁에 죽어도 좋다(朝聞道 夕死 可矣).'《논어》〈이인〉제8장)는 정도로 도를 실천할 뜻을 가지고 있다면, 편안히 여기지 않아야 할 자리에서 편안히 여기는 것을 하루라도 용납하지 않을 것이다. 어찌 하루만이겠는가. 잠시도 그렇게 해서는 안 된다. 공자의 제자인 증자가 자기의 신분에 맞지 않는 자리라고 해서 깔던 자리를 바꾸고 세상을 떠난 것처럼 이렇게 행동을 해야 비로소 편안해질 수 있다.

　사람이 이와 같이 행동할 수 없는 것은 참된 이치를 볼 수 없기 때문이다. 참된 이치란, 옳은 것은 옳다고, 그른 것은 그르다고 참되게 보는 것이다.

　참된 이치를 마음에서 얻으면 저절로 달라진다. 귀로 듣고 입으로만 말하는 것은, 마음으로 참되게 이해하지 못한 것이다. 만일 마음으로 이해했다면 결코 사람들이 (참된 이치가 아니라서) 불편해 하는 자리에서 편안해 하지 않을 것이다.

　사람에게는 자신이 기꺼이 하지 않으려는 일이 있지만 어떤 일에 대해서는 또 그렇지 않다. 예컨대 선비는 그를 죽인다 하더라도 담을 뚫고 물건을 훔치는 일을 하지는 않겠지만 다른 일에 있어서도 반드시 그렇지는 않다. 책을 읽은 사람이라면 누구라도 예와 의를 말할 줄 모르는 이가 없다. 또 왕공(王公)과 대인(大人)은 좋은 수레나 면류관(冕旒冠, 왕의 옷에 갖추어 쓰던 관)을 '드러나는 물건'일 뿐이라고 말할 줄 안다. 그런데 이해관계에 얽히게 되어 바른 이치에 의거하지 못하고 부귀를 좇는다면 이는 참된 이치를 말로만 이해한다고 할 뿐 실제로 이해한 것이 아니다.

붉나 불을 밟으면 사람은 모두 피할 줄 아는데 이것은 참으로 알기 때문이다. '선하지 않은 일 보기를 마치 끓는 물에 손을 넣는 것과 같이 여긴다(見不善如探湯).'(《논어》〈계씨〉제11장)는 마음이 있다면 저절로 구별될 수 있을 것이다.

이전에 호랑이에게 상해를 입은 사람이 있었다고 하자. 사람들이 호랑이를 말하면 삼척동자라도 호랑이가 무섭다는 사실을 알고 있다. 그러나 말로만 아는 이들이, 실제로 호랑이에게 당한 사람이 안색을 바꾸고 떨면서 진정으로 두려워하는 것과 같을 수는 없다. 이것이 참으로 아는 것이다.

마음으로 얻은 사람은 덕을 소유했다고 하니 이들은 애써 노력하지 않아도 된다. 그러나 배우는 이들은 반드시 힘써 노력해야만 한다. 옛사람들 가운데 의리를 위해 목숨을 바친 사람들이 만일 참으로 이해할 수 없었더라면 어떻게 그렇게 할 수 있었겠는가! 그들은 사는 것이 의를 지키는 것보다 중요하지 않고 사는 것이 죽음보다 편하지 않은 상황을 참으로 알았던 것이다. 그래서 살신성인

[殺身成仁, 자기의 몸을 희생해서 인(仁)을 이룸]이라는 말이 있으니 이는 다만 이런 올바름을 이룬다는 것일 뿐이다."

✚ 글에 나오는 증자는 공자의 제자인 증삼(曾參, 기원전 506~기원전 436)이다. 증자가 중병에 걸려 병석에 있을 때 제자들이 대부인 계손으로부터 받은 돗자리를 깔아서 눕혔다고 한다. 그런데 증자는 자신이 깔고 누운 자리가 대부들이 사용하는 침구인 것을 알고서는 움직이기가 불편한 상태임에도 즉시 다른 돗자리로 바꾸도록 했다. 중병에 걸린 상황에서도 예에 벗어나는 행동을 않고자 했던 증자의 면모가 여실히 드러나는 일화다.

이 문장에서는 참된 진리의 힘에 대해 말했다. 마음으로부터 이해하고 받아들인 진리는 현실의 어떤 상황에도 적절히 대처할 수 있는 지혜를 준다. 그런데 이 진리는 쉽게 얻어지는 것이 아니고 한순간에 가질 수 있는 것도 아니다. 성실한 태도로 공부하는 것을 통해 드디어 터득하여 소유할 수 있는 것이다. 그래서 이런 진리는 목숨과 바꿀 수 있을 정도로 귀중한 의미를 가지기에 공자는 아침에 도를 얻으면 저녁에 죽어도 아쉬울 것이 없다고까지 말했던 것이다. 유학의 공부는 단순히 시험 성적을 잘 받고 지식을 넓히는 것에 국한되지 않는다. 더 근원적인 공부의 목적은 바른 인간이 되기 위한 것이기 때문에 참된 진리를 지향하는 것이 그 최종 목표라 하겠다.

◎ 이천 선생이 말했다. "맹자가 순임금과 도척(盜跖)을 구분했던 것은 단지 의(義)와 이(利) 사이에 있었다. 사이라고 표현한 것은 그 둘의 거리가 멀지 않으며, 털끝만한 차이가 있을 뿐임을 말한다. 의와 이는 공과 사의 문제다. 의에서 벗어나면 바로 이익을 따지게 된다. 그렇게 헤아리고 따지는 것은 이해관계가 있기 때문이다. 이해가 없다면 무엇 때문에 헤아리고 따지겠는가. 이해를 따지는 것은 세상 사람들의 보통 마음이다. 사람들은 모두 이익이 되는 일을 따르고 손해는 피해야 한다는 것을 알고 있다.

그런데 성인은 이해를 논하지 않고 오직 의(義)를 기준으로 삼아서 마땅히 해야 할 일인가, 해서는 안 될 일인가를 살핀다. 그렇게 하면 운명[命]은 그 속에 있는 것이다.

✛《맹자》〈진심 상〉 제25장에 "닭이 울면 일어나서 부지런히 선을 행하는 자는 순임금의 무리고, 닭이 울면 일어나서 부지런히 이익을 추구하는 자는 도척의 무리다. 순임금과 도척의 다름을 알고자 한다면 다른 게 없다. 이(利)와 선(善) 사이에 있는 것이다(鷄鳴而起 孶孶爲善者 舜之徒也 鷄鳴而起 孶孶爲利者 跖之徒也 欲知舜與跖之分 無他 利與善之間也)."라는 말이 나온다. 도척은 당시 큰 도둑으로 유명했던 사람이다.

사람은 누구나 자신에게 이익이 되기를 원한다. 이것은 이상한 일도 아니고 나쁜 일도 아니다. 그런데 자신의 이익만을 생각해서 다른 사람의 이익을 빼앗는다면 그것은 도둑과 다름이 없다. 이는 우리가 쉽게 알 수 있는 일이지만 이익을 따르다 보면 자칫 자신도 모르는 사이에 그런 잘못을 범할 수 있다. 그렇기 때문에 유학에서는 이익을 취할 때에 그것이 바른 것인가 아닌가를 살펴보라고 한다. 바른 이익은 곧 공정한 것[의(義)]이다. 다만 이익과 정의가 같이 있는 상황에서 공정함을 선택하고 옳지 못한 이익을 취하지 않기를 바랐던 것이다.

◎ 이천 선생이 말했다. "일반의 유학자들이 도의 세계에 깊이 있게 나아가기를 바라지는 않는다. 그러나 다만 마음에 보존한 것이 바르고, 선악을 분별할 수 있으며, 염치를 알았으면 좋겠다. 이러한 사람들이 많아진다면 세상은 점차 좋아질 것이다."

◎ 이천 선생이 말했다. "한나라 때에 인재를 선발하는 현량(賢良, 어질고 착한 사람)의 시험에는 타인의 추천을 받은 이들이 응시했다. 그래서 추천을 받았던 공손홍(孔孫弘) 같은 사람은 억지로 나아가 시험을 치렀다.

　　그런데 후세에 이르러서는 인재를 선발하는 시험에서 스스로 등용되기를 구하고 있다. 그런데 만약 '내 마음이 천자의 물음에 응하고자 하는 것은 천하의 일을 직언하고 싶어서다.'라고 말하는 사람이 있다면 또한 높이 여길 만하다. 그러나 그 뜻이 부귀에 있다면, 부귀를 얻고 나면 교만하고 방종하게 될 것이고 뜻을 잃으면 제멋대로 굴거나 비탄에 젖을 뿐이다."

✦ 공손홍(孔孫弘, 기원전 200~기원전 121)은 중국 한나라 무제 때 사람이다. 원광(元光) 5년(기원전 140)에 중앙에서 인재를 모집했을 때 치천(菑川) 사람들이 재차 공손홍을 추천했다. 그는 이미 이전에 인재를 선발하는 현량과에서 장원으로 뽑혀 박사가 되었고, 흉노에 사신으로 다녀온 후에 올린 보고가 황제의 뜻과 달라 벼슬에서 물러나 낙향해 있었다. 그래서 재차의 추천을 사퇴했지만, 나라 사람들이 들어주지 않았다 한다. 또한 한나라 때의 인재 선발 시험은 책문(策問, 당시 국가의 현안에 대한 질문)에 대답하는 것이라고 해서 대책(對策)이라 했다.

여기서 인재 등용의 방법을 비교한 것은 선비로서 관직에 나아가는 뜻이 어디에 있는가의 차이를 밝히려는 것이다. 다른 사람이 추천한 인재는 이미 의와 덕을 갖추었을 가능성이 높지만 송나라 때처럼 과거 시험에 스스로 응하는 경우에는 부귀를 탐하는 사람이 많았을 것이다.

◎ 이천 선생이 말했다. "어떤 사람은 '과거 시험 준비가 진정한 학문을 공부해야 할 시간을 빼앗는다.'라고 말하는데, 그것은 그렇지 않다. 한 달 가운데 십 일은 과거 준비를 하고 나머지 날에 학문을 하면 충분하다. 그런데 문제는 사람들이 학문에 뜻을 두지 않고 과거에만 뜻을 둔다는 점이다. 따라서 과거 준비가 공부를 방해하는

것이 걱정스러운 일이 아니라, 오직 뜻을 빼앗기는 것이 걱정스러운 일이다."

◎ 횡거 선생이 말했다. "대대로 벼슬해서 녹을 받는 명예는, 왕이 공이 있는 사람을 기록하고 덕이 있는 사람을 높여서 그들을 사랑하고 후대하여 은혜로운 대우가 끝이 없음을 보이는 것이다. 그러므로 그 은혜를 입은 사람의 후손은 마땅히 직책에 즐겁게 임하고 일을 부지런히 해서 맡은 일을 열심히 수행하며 청렴함을 기르고 이익을 멀리함으로써 대대로 이어오는 가풍을 잘 이어야 한다. 그런데 근래 국가 고위직인 공경(公卿)의 자손들은 아래로 평범한 사람들과 어깨를 나란히 하듯 경쟁하며 시부(詩賦, 과거에 나오는 시와 산문)를 교묘히 지어내서 시험관에게 자신을 판다. 그런 식으로 벼슬을 구하는 것이 의가 아님을 알지 못하고 도리어 도리를 따르는 것이 무능하다고 부끄러워한다. 또한 조상의 은덕으로 대우 받는 것이 명예로운 일임을 알지 못하고 도리어 헛된 명성을 얻는 것이 조상을 잘 계승한 것이라 여긴다. 이는 진실로 무슨 마음이란 말인가!"

✚ 공경이란 삼공(三公)과 구경(九卿)을 아울러 이르는 말로 고위 관직자를 뜻한다. 이들의 자손들은 조상의 공으로 관직에 발탁되는 경우가 많았다. 그런데 이들이 조상의 바른 뜻을 잇지 못하고 도리어 부귀를

탐하거나 헛된 명예만을 추구하기 때문에 이를 비판한 것이다.

◎ 횡거 선생이 말했다. "다른 이의 힘에 의지하지 않고 자신이 가진
것을 이롭게 여긴다면 다른 이의 권세를 의식하지 않았다고 할 수
있다."

✢《맹자》〈만장 하〉 제3장에서 맹자는 "나이 든 사람을 내세우지 않
고 존귀한 사람을 내세우지 않으며 형제를 내세워 친구를 사귀지 않
는다."라고 했다. 친구는 내면의 덕을 따라 마음으로 사귀어야 한다.
높은 지위나 많은 재산 때문에 사귀는 친구라면 진정한 우정이 될 수
없다는 뜻이다.

◎ 횡거 선생이 말했다. "빈천한 상황에서도 편안하다고 말하는 사람
이 많지만, 실은 부귀를 얻을 계책이 궁하고 힘이 없으며 재주가
일천해 계획을 세우지 못할 뿐이다. 만일 조금이라도 부귀를 얻으
려는 마음이 일어난다면 아마 빈천한 것을 편안히 여기려고 하지
않을 것이다. 반드시 의리(義理)가 이욕(利欲)보다 즐거워할 만한 것
임을 알아야만 그렇게 할 수 있다."

◎ 횡거 선생이 말했다. "세상 일 가운데 큰 걱정거리는 타인의 비웃
음을 두려워하는 일이다. 수레를 모는 말을 기르지 못하고, 거친

밥을 먹고, 남루한 옷을 입고서 빈천하게 살면 다른 이들이 비웃을 것이라 걱정한다. 그러면서도 마땅히 살아야 하면 살고 마땅히 죽어야 하면 죽으며, 오늘 후한 녹봉을 받다가 내일은 없어지고 오늘 부귀하다 내일은 굶주리게 되더라도 걱정하지 않고 오직 의(義)에 따라 존재해야 한다는 것은 알지 못한다."

제 4 편

남을 다스리는 법

제4편 남을 다스리는 법 - 정치와 교육의 방법

　　제4편에서는 사회적 실천에 대한 논의를 담았는데 주로 바람직한 리더가 될 수 있는 법에 대해 설명한 내용이다. 유학에서 공부의 목적은 수기치인(修己治人)하여 성인이 되려는 것이다. 수기치인이란 자신을 닦고 타인을 잘 다스리는 일이다. 이 편에서는 주로 타인을 잘 다스리는 일을 논했는데 이는 사회관계에서 이루어지는 일이다. 그러므로 치인은 곧 사회적 실천을 말한다.

　　유학에서 강조하는 좋은 정치는 덕치(德治)다. 덕치란 위정자가 성숙한 인격을 바탕으로 자신의 사명을 인식하고서 백성들의 삶을 최우선으로 고려하는 정치를 말한다. 백성들이 그 리더를 마음으로 따를 수 있을 때 비로소 덕치가 이루어지는데 이는 그 리더가 백성들의 마음을 감동시켰기에 가능한 일이다. 그러니 덕치는 바로 공감을 통해 감동을 주는 정치라 하겠다. 이는 정치 뿐 아니라 다양한 삶의 장에서 리더에게 요구되는 덕목으로 재해석할 수 있다.

　　이 세상의 일들이나 사람은 모두 변화한다. 일정하게 고정된 자리에 머무는 경우는 없다. 《주역》 64괘 중 63번째는 기제(旣濟)인데 이는 모두 처리된 상황을 말한다. 그런데 《주역》은 여기서 끝나지 않고 마지막 64번째 괘인 미제(未濟)에서 끝난다. 미제는 아직 처리되지 않은 상황이다. 여기에 세상의 모든 일은 변화 속에 있다는 《주역》의 상징이 들어 있다. 좋은 상황도 그 모양대로 계속 갈 수 없고, 나쁜 상황도 그대로 지속되지만은 않는다. 그러므로 이 모든 것이 변화 속에 있다는 사실을 알고 바로 눈앞의 일에 머물지 않고 그 다음을 준비할 수 있는 사람이야말로 좋은 리더로서의 자질을 갖춘 셈이다. 이러한 역량을 갖추어야 감동을 주는 정치가 가능할 것이다.

제1장
정치의 요체

1. 내 안에 세상이 들어 있다

◎ 염계 선생이 말했다. "천하를 다스리는 근본은 곧 자기 자신이고, 천하를 다스리는 법칙은 곧 집안이다. 근본은 반드시 단정해야 하는데 근본을 단정히 하는 방법은 마음을 정성스럽게 하는 것일 뿐이다. 법칙은 반드시 선해야 하는데, 법칙을 선하게 하는 방법은 친족과 화목한 것일 뿐이다. 집안을 다스리는 것은 어렵고 천하를 다스리기는 쉬운데 그 이유는 집안은 서로 친밀하고 천하는 서로 소원하기 때문이다.

집안사람들끼리 사이가 벌어지는 것은 반드시 부인들 때문에 생긴다. 그래서 《주역》에는 규괘(睽卦) 다음에 가인괘(家人卦)가 있다. '두 여자가 함께 살지만 뜻이 같지 않다'《주역》〈규괘〉 상전)라는 말은 이 때문이다. 요임금이 규수(嬀水) 가에 살던 순에게 두 딸을 시집보냈던 일도 순에게 제위를 선양해도 될 것인지를 시험하기 위해서였다. 이는 천하를 잘 다스리는 일은 가족을 잘 살피는 것에서 나오며 집안을 다스리는 일은 자신을 살피는 것에서 나온다는 것을 말함이다.

자기 자신이 단정하다는 것은 마음이 정성스럽다는 것을 말한다. 마음을 정성스럽게 하는 방법은 불선(不善)한 행동을 선하게 되돌리는 것일 뿐이다. 불선한 행동은 거짓된 것이다. 거짓을 되돌리면 거짓이 없는 것이고, 거짓이 없으면 정성스러운 것이다. 그래서 무망괘(无妄卦)는 복괘(復卦) 다음에 오고, ‘선왕은 무망괘를 보고 때에 성대하게 대응해 만물을 기른다(先王以茂對時育萬物, 深哉).’(《주역》〈무망괘〉 상전)라고 했으니, 그 의미가 깊도다!”

◎ 명도 선생이 신종(神宗, 재위 1068~1085)에게 말했다. “천리(天理)의 올바름을 얻고 인륜의 지극함을 다한 것이 요순의 도입니다. 자신의 사사로운 마음을 사용하고 인의의 편벽(偏僻, 생각 따위가 한쪽으로 치우쳐 있는 것)됨에 의지하는 것은 패자(覇者)의 일입니다.

왕도(王道)는 평평한 숫돌과 같아서 인정에 근본을 두고 예의로부터 나옵니다. 왕도는 마치 큰길을 밟고 가는 것과 같으므로 돌아가거나 구부러지지 않습니다. 패자는 굽고 좁은 길에서 위태롭게 우왕좌왕하지만 끝내 요순의 도에 들어설 수 없습니다. 그러므로 정성된 마음으로 왕도를 행하면 왕다운 왕이 되고, 거짓되게 패도를 행하면 패자가 됩니다. 두 가지는 길이 서로 다르니 그 시초를 잘 살펴야 합니다. 《역》에서 ‘털끝만 한 차이가 결국 천리의 어긋남을 초래한다.'라고 했던 것과 같으니, 그 시작을 잘 살피지 않을 수 없는 것입니다.

폐하께서 옛 성인의 말씀을 상고하시고 인사의 이치를 잘 살피시어 요순의 도가 자신에게 구비되어 있음을 아신 다음, 자신을 반성하고 마음을 정성스럽게 하시어 그것을 요순의 도에 맞추어 사해(四海, 온 세상)에까지 펼쳐 가신다면 대대로 매우 다행스러운 일이 될 것입니다."

✿ 왕도 정치는 맹자가 주장한 것으로 유학의 기본 정신인 인(仁)에 근거한 정치를 말한다. 이는 힘으로 강제하는 정치가 아니라 덕으로 백성을 감화시키는 정치다. 힘으로 백성을 억압하고 더 큰 힘을 키우고자 전쟁을 일삼는 정치는 왕도 정치와 반대인 패도 정치다.

◎ 이천 선생이 말했다. "지금 세상에서 힘써 해야 할 일 가운데 우선해야 할 것이 세 가지 있다. 첫째는 뜻을 세우는 일이고, 둘째는 책임을 다하는 일이며, 셋째는 현명한 사람을 구하는 일이다. 만약 이제 비록 좋은 계획을 가지고 훌륭한 계책을 벌인다 해도 먼저 임금의 뜻이 서 있지 않다면 그것을 잘 듣고 쓸 수 있겠는가? 또 임금이 그 계책을 쓰고자 하더라도 책임을 다할 재상의 도움이 없다면 누가 받들어서 행할 수 있겠는가? 임금과 재상이 마음을 합하더라도 능력 있는 사람이 직책을 맡고 있지 않다면 그것을 천하에 시

행할 수 있겠는가? 이 세 가지가 근본이고 일을 적절하게 만들어 내는 것은 그 적용이다. 세 가지 중에서는 뜻을 세우는 것이 근본이다. 뜻을 세운다는 것은 지극한 정성스러움과 한결같은 마음으로 도의 실천을 스스로 책임지고자 하며, 성인의 교훈은 반드시 믿어야 할 것이라 하고, 옛 훌륭한 왕들의 다스림은 반드시 실행해야 한다고 여기는 것이다. 그리하여 통상의 규범에 얽매이지 않고 뭇사람들의 의견에 휘둘리지도 않으며 반드시 삼대[三代, 고대 중국의 세 왕조로 하(夏), 은(殷), 주(周)를 말함]의 시대와 같이 태평한 나라를 이루고자 기약하는 것이다."

◎《주역》〈비괘(比卦)〉의 구오효(九五爻) 효사에서는 "친함을 드러내는 것이니, 임금이 세 방면에서 몰아 앞으로 뛰는 짐승은 놓아 준다." 라고 했다. 이천 선생의 《역전》에서는 이렇게 말했다. "임금이 천하와 친해지는 방법은 당연히 이 친함의 도(道)를 분명히 드러내는 것일 뿐이다. 예컨대 뜻을 정성스럽게 해서 사람을 대하고, 자기와 같은 마음으로 타인을 대하고, 정치를 할 때 인(仁)을 베풀어 세상 사람들이 그 은택(恩澤)을 입도록 하는 것이 임금이 천하를 친하게 대하는 도리다. 이와 같이 한다면 세상의 누가 그 임금을 가깝게 여기지 않겠는가? 만약 임금이 소소하게 인한 것처럼 드러내어 도를 위배하고 명예를 구하며 아랫사람과의 친함을 구한다면, 그 도

가 이미 협소하니 그렇게 하고서 세상 사람들과의 친함을 얻을 수 있겠는가?

임금이 친함의 도를 드러낸다면 세상 사람들은 자연히 와서 친하게 될 것이다. 오는 자들을 어루만지는 것이니 작은 은혜를 베풀어 사람들과 친함을 구하는 것이 아니다. 이는 마치 사냥하면서 세 방향으로 짐승을 몰아, 달아나는 짐승을 쫓지 않고 오는 것만을 취하는 것과 같다. 이것이 왕도 정치의 위대함이니, 그래서 백성들은 만족하면서도 그렇게 만든 사람이 누군지 알지 못하는 것이다.

오직 임금이 천하와 친해지는 도만 이와 같을 뿐 아니라 대체로 사람들이 서로 친하게 되는 경우에도 그러하다. 신하로써 임금을 대하는 경우로 말하자면 그 충성을 다하고 자신의 재주와 힘을 다하는 것이 임금과 친한 도를 드러낸 것이다. 등용되는 여부는 임금에게 달려 있을 뿐이니 아첨하고 비위를 맞추어 임금이 자기를 친근하게 여기도록 해서는 안 된다. 친구들과 사귀는 것 역시 마찬가지다. 자신을 잘 다스리고 뜻을 정성스럽게 해서 상대를 대할 뿐이다. 자기를 친하게 여길 것인가의 여부는 상대에게 달린 것이니, 말을 그럴 듯하게 하거나 얼굴 표정을 꾸미고 뜻을 굽혀 따르고 구차하게 영합함으로써 상대가 나를 친하다고 여기도록 해서는 안 된다. 마을 사람이나 친척 또는 일반 사람들에 대해서도 모두 마찬

가지다. 이것이 세 방향에서 몰아 앞으로 뛰는 짐승은 놓아 준다는
의미다."

◎ 이천 선생이 말했다. "옛날에는 나라의 높은 관직인 공경대부(公卿
大夫, 삼공과 구경, 대부를 아울러 이르는 말)나 그 이하의 벼슬이 각각 그
덕에 맞는 이들에게 주어지고 종신토록 벼슬자리를 누리도록 해
서 그 분수를 얻도록 했다. 지위가 미처 그 덕에 맞지 않는 경우
에는 임금이 그를 천거해 승진하도록 했다. 선비가 학문을 연마
해 그 학문이 훌륭하게 되면 임금이 그를 구한 것이지, 모두 스스
로가 벼슬자리를 맡으려 했던 것은 아니다. 농부와 공인과 상인
들도 각자의 일을 부지런히 해서 일정한 한도의 소득을 향유했기
에 모두 안정된 뜻을 가지게 되어 천하의 마음이 하나로 모아질
수 있었다.

   그런데 후세에는 평범한 선비에서 공경에 이르기까지 날마다 존
귀하고 영화롭게 되는 것에 그 뜻을 두고 있으며, 농부와 공인과
상인들도 항상 부귀하고 사치하는 데에 뜻을 둔다. 모든 사람의 마
음이 서로 이익을 다투게 되어 천하가 어지러워졌으니 어떻게 천
하의 마음을 하나로 모을 수 있겠는가? 이런 상황에서는 어지럽지
않기를 바란다 해도 그렇게 되기는 어렵다."

2. 너그러운 품성과 솔선수범

◎《주역》〈태괘(泰卦)〉 구이(九二)의 효사에서는 "거친 것을 품고서 강을 건넌다."라고 했는데, 이에 대해 이천 선생의《역전》에서는 이렇게 말했다. "사람의 감정이 안이하고 방자해지면 정치가 느슨해지고 법도가 해이해져서 모든 일에 절도가 없게 된다. 다스림의 도(治之之道)에는 반드시 거친 것을 품어주는 도량이 있어야 그 베풂이 너그럽고, 자상해야 폐단이 바뀌고 일이 순리대로 이루어져 사람들이 편안하다. 만일 넓게 품어 주는 도량이 없고 성내고 조급한 마음만 있다면, 멀리 내다보는 생각은 없어지고 사납고 소란스런 근심만 있어서 깊은 폐단을 제거하기도 전에 가까운 걱정이 생기게 될 것이다. 그래서 다스림의 도는 거친 것을 품어 주는 데 달려 있는 것이다.

예로부터 태평하게 다스려지던 세상이 점차 쇠락하게 되는 것은 대체로 안일한 습성에 젖어 하던 대로 따라 해서 그렇게 된 것이다. 임금 스스로가 강하지 못하고 과단성이 없으며 훌륭한 신하의 보좌도 없다면, 특별히 분발해 그 폐단을 바꿀 수 없다. 그래서 강을 건넌다고 말한 것이다.

어떤 사람은, 앞에서 '거친 것을 품는다.'고 한 것은 너그럽게 감싸는 것이고 여기서 '강을 건넌다.'라는 것은 분발해서 개혁한다는 의미니 서로 상반된 것이라고 의심한다. 이는 '너그러운 도량을 가지고 강하고 과단성 있는 정책을 시행하는 것이 성현의 일'임을 모르는 소리다."

◎ 〈관괘(觀卦)〉의 괘사에서는, "관이란 (제사 지낼 때) 손을 씻고 아직 제물은 올리지 않았을 때의 마음처럼 공경스러움을 지니고 있으면 세상 사람들이 믿음을 갖고 진심으로 우러러볼 것이다."라고 했다. 이천 선생의 《역전》은 다음과 같이 말했다. "군자는 윗자리에 자리하여 천하의 표준이 되니, 손을 씻고 제사에 임하는 처음과 같이 공경함을 다하고, 이미 제물을 올린 뒤처럼 정성스러운 뜻이 조금도 흩어지지 않도록 한다면 천하가 믿음과 성의를 다해 그를 존경하며 우러러볼 것이다."

◎ 이천 선생이 말했다. "일반적으로 세상의 한 나라, 한 집안에서나 모든 일에 있어서나 화합이 이루어지지 않는 이유는 다 틈이 있기 때문이다. 틈이 없으면 합치된다. 천지가 생기고 만물이 이루어진 것은 모두 화합한 이후에 완성되었으니, 합치되지 못한 경우에는 모두 틈이 생긴다. 왕과 신하, 부모와 자식, 친척과 친구 간에 둘로 떨어지고 틈이 생겨 서로 원망하게 되는 것은 모두 참언(讒言, 헐뜯고 비방하는 말)과 거짓됨이 그들 사이에 끼어들었기 때문이다. 그 간격

을 제거해서 합치되도록 하면 화합하지 못하거나 다스려지지 못할 일이 없다. 서합(噬嗑)괘에서 말하는 것은 천하를 다스리는 큰 쓰임이다."

◎ 〈대축괘(大畜卦)〉의 육오효(六五爻)를 설명하면서 "거세한 돼지의 어금니를 제어하니 길하다."고 했는데, 이천 선생의 《역전》에서는 이렇게 말했다. "사물에는 전체를 총괄하는 요체가 있고, 일에는 기회가 있다. 성인은 그 요체를 장악할 수 있으므로 수많은 백성의 마음을 한 가지 마음처럼 본다. 그래서 인도하면 행하고 멈추면 거두기 때문에 수고하지 않아도 다스려져서 그 쓰임이 마치 거세한 돼지의 어금니를 제어하는 것과 같다.

돼지는 힘이 세고 성질이 급한 동물이라 만약 억지로 그 어금니를 제거하려면 힘을 써서 수고를 해도 제어할 수 없을 것이다. 그렇게 하지 않고 거세를 한다면 어금니가 비록 있더라도 강하고 조급한 성미가 저절로 사라질 것이다. 군자가 '돼지를 거세한다는 의미'를 본받아서 세상의 악을 힘으로 제거할 수 없음을 안다면, 그 기틀을 살피고 그 요체를 간직해서 그 근원을 막고 끊어버릴 수 있기 때문에 엄중한 형벌을 빌리지 않더라도 악함은 저절로 제거될 수 있을 것이다.

또 도둑을 없애는 일을 예로 들면, 사람들에게는 욕심이 있어서 이익을 보면 욕심이 일어나게 된다. 그러므로 만약 교화를 알지 못하는데 굶주림과 추위가 닥친다면 비록 엄중한 형벌이 날마다 시행되는 중이라 해도 백성들의 이익을 바라는 욕심을 제어할 수가 있겠는가? 성인은 그것을 그치게 하는 도를 알고 있다. 그래서 위압적인 형벌을 숭상하지 않고 정치와 교화를 잘 펴서 그들로 하여금 농사짓고 누에치는 일에 종사하도록 하며, 염치(廉恥, 체면을 차릴 줄 알며 부끄러움을 아는 마음)의 도를 알게 한다. 그리하여 비록 상을 주더라도 도둑질 하지 않을 것이다."

✝《논어》〈안연〉제18장에 "계강자(季康子, 춘추 시대 노나라의 실권자)가 도둑을 걱정해 공자에게 질문하자 공자가 대답하기를, '진실로 그대가 욕심을 부리지 않는다면 비록 상을 준다 하더라도 훔치지 않을 것이다(季康子患盜 問於孔子 孔子對曰 苟子之不欲 雖賞之不竊).'"라는 말이 나온다.

◎〈해괘(解卦)〉의 도(道)에서는 "서남쪽이 이롭다. 갈 곳이 없으면 돌아와 회복하는 것이 길하고, 갈 곳이 있으면 서두르는 것이 길하다."라고 했다. 이천 선생의 《역전》에서 말했다. "서남쪽은 곤(坤, 하늘)의 방향인데 곤의 본체는 광대하고 평이하다. 천하의 어려움이 바야흐로 풀리는 때를 만나서 사람들이 비로소 어려움과 괴로움에서 벗어나기 시작하니 더는 번거롭고 가혹하게 다스려서는 안 된다. 요컨대 관대하고 간단하며 쉽게 다스리는 것이 마땅하다.

이미 그 어려움이 풀려서 평안하고 무사한 상태가 '갈 곳이 없다.'라는 것이다. 그러면 마땅히 다스림의 도를 회복하고 기강을 바로세우며 법도를 밝힘으로써 나아가 선대 훌륭한 왕의 다스림을 회복하는 것이 바로 '돌아와 회복하는 것'이니 올바른 도리를 회복한다는 의미다. 예로부터 훌륭한 왕이 어려움을 구제하고 혼란을 안정시키는 일은 처음부터 갑작스럽게 할 수는 없었다. 안정되면 오래갈 수 있고 지속할 수 있는 정치가 된다. 한나라 이후로 혼란이 제거되자 다시 뭔가를 진행하지 않고 짐짓 때에 따라 유지만 해왔을 뿐이다. 그래서 좋은 정치를 이룰 수가 없었다. 이는 '돌아와 회복한다.'는 의미를 알지 못했기 때문이다.

'갈 곳이 있으면 서두르는 것이 길하다.'는 것은 아직 풀어야만 할 일이 있다면 빨리 해결하는 것이 길하다는 말이다. 마땅히 해결해야 하는데 미진한 것을 빨리 제거하지 않으면 장차 다시 성해질 것이다. 일이 다시 생겼을 때 다시 처리하지 않으면 장차 점점 커지기 때문에 '서두르는 것이 길하다.'고 했다."

◎ "대개 어떤 사물이나 상황에는 법칙이 있으니, '부모는 자애로움에 머물러야 하고 자식은 효도하는 데에 머물러야 하며, 임금은 인자함에 머물러야 하고, 신하는 공경함에 머물러야 한다.' 만물과 모든 일이 각각 자신의 자리가 있는데 그것을 얻으면 편안하고

그것을 잃으면 어그러진다. 성인이 천하를 순조롭게 다스릴 수 있었던 것은 사람들을 위해 법칙을 만들어서가 아니라 각자가 자신의 자리에서 머물 수 있도록 했기 때문이었다."(《이천 역전》〈간괘〉 상전)

✤ 《대학》 제3장에는 "공자가 말하기를, '머무는 것에 있어서는 새들도 자신이 머물 곳을 아는데 사람으로서 새보다 못할 수가 있겠는가.'라고 했다. 《시경》에서는 '인품이 높은 문왕이여, 아아! 계속 빛나며 경건한 데에 머무시는구나!'라고 했으니, 임금이 되어서는 인(仁)한 상태에 머물고 신하가 되어서는 공경함에 머물며 자식이 되어서는 효에 머물고 부모가 되어서는 자애로움에 머물며 나라 사람들과 사귈 때에는 믿음에 머문다(子曰 於止 知其所止 可以人而不如鳥乎 詩云穆穆文王 於緝熙敬止 爲人君 止於仁 爲人臣 止於敬 爲人子 止於孝 爲人父 止於慈 與國人交 止於信)."는 말이 나온다.

3. 감동이 있는 정치

◎ 이천 선생이 말했다. "태괘(兌卦)는 기뻐하며 곧음을 지킬 수 있다
는 의미를 지닌다. 그래서 위로는 천리를 따르고 아래로 인심에
호응하는 것이 기쁨의 도(道) 중에 지극히 바르고 지극히 선한 것
이다.

(그렇지 못하고) 도를 어기고 백성들의 칭송을 구하는 자는 구차하
게 기쁨의 도를 얻으려는 자다. 도를 어기는 것은 하늘을 따르지
않는 것이며 칭송을 구하는 것 역시 사람들과 호응한 것이 아니라
서 다만 구차히 일시적인 기쁨을 구한 것일 뿐, 군자의 바른 도가
아니다. 군자의 도는 백성들을 기쁘게 하는 것이 마치 천지가 베푸
는 것과도 같아서 백성들이 마음으로 감동해서 기쁘게 따르는 것
을 마다하지 않는다."

✛ 유학에서 강조하는 좋은 정치는 덕치(德治)다. 덕치란 위정자가 성숙
한 인격을 바탕으로 자신의 사명을 인식하고서 백성들의 삶을 최우선
으로 고려하는 정치를 말한다. 덕치를 하고자 하는 정치가는 민심이
바로 하늘의 마음이라 했기 때문에 백성들이 정치를 비판하고 그 어려
움을 토로하는 것을 가장 무서운 경고로 삼았다. 가장 이상적인 상태
는 백성들이 각자의 삶을 무리 없이 영위할 수 있어서 정치를 누가 하
는지도 모르고 그저 자신의 생활에 충실할 수 있는 경우라고 했다. 이

런 경우라면 백성들은 그 리더를 마음으로 따를 수 있을텐데 이는 그 리더가 백성들의 마음을 감동시켰기에 가능한 일이다. 그러니 덕치는 바로 공감을 통해 감동을 주는 정치라 하겠다.

◎ 이천 선생이 말했다. "세상의 일이란 나아가지 않으면 물러나서, 하나로 고정된 이치는 없다. 다 구제하는 것[기세괘(旣濟卦)의 상황] 은 끝까지 가면 나아가지 않고 머무는 것을 의미한다. 그런데 항상 머물 수만은 없어 혼란함이 이른다. 그것은 도가 이미 궁극에 이르 렀기 때문이다. 성인이 이런 상황에 처하면 어떻게 하겠는가? 오 직 성인만이 그 변화가 궁극에 이르기 전에 끝까지 가지 않도록 할 수 있으니 요·순임금과 같은 이들이 그런 경우다. 그래서 마침은 있지만 혼란은 없는 것이라고 하겠다."

✤ 이 세상의 일들이나 사람은 모두 변화하고 있다. 일정하게 고정된 자리에 머무는 경우는 없다. 《주역》 64괘 중 63번째가 기제(旣濟)인데 이는 모두 처리된 상황을 말한다. 그런데 《주역》은 여기서 끝나지 않 고 마지막 64번째 괘인 미제(未濟)에서 끝난다. 미제는 아직 처리되지 않은 상황이다. 여기에 세상의 모든 일은 변화 속에 있다는 《주역》의 상징이 들어 있다. 좋은 상황도 그 모양대로 계속 갈 수 없고, 나쁜 상 황도 그대로 지속되지만은 않는다. 그러므로 그 모든 것이 변화 속에 있다는 사실을 알고 바로 눈앞의 일에 머물지 않고 그 다음을 준비할

수 있는 사람이어야 좋은 리더로서의 자질을 갖춘 셈이다.

◎ 이천 선생이 말했다. "백성을 위해 군주를 세우는 것은 백성을 잘 기르기 위함이다. 백성을 기르는 도는 백성의 힘을 아끼는 데에 달려 있다. 백성의 힘이 넉넉해지면 낳고 기르는 일이 이루어지고, 낳고 기르는 일이 이루어지면 교화가 행해져서 풍속이 아름다워진다. 그래서 정치를 할 때에는 백성의 힘을 중하게 여기는 것이다. 《춘추》에서는 백성들의 힘을 쓰게 되면 그 백성들의 힘으로 일으켰던 일을 반드시 기록해서 그 일이 때에 맞지 않고 의에도 해가 된다면 진실로 죄로 삼았다. 비록 때에 맞고 의에도 맞는 일이라 해도 반드시 기록해서 백성을 수고롭게 한 일이 중요한 일임을 보였다. 후세의 임금이 이런 뜻을 안다면 백성의 힘을 쓰는 데 신중해져야 함을 알려주려 함이었다.

그런데 크게 백성의 힘을 사용했지만 기록하지 않은 경우가 있으니 그것이 가르치는 뜻이 깊다. 희공(僖公, 기원전 659~626, 노나라의 제후)이 반궁(泮宮, 제후의 도읍에 설치한 대학)을 세우고 비궁(閟宮, 종묘)을 복원할 때 백성의 힘을 사용했지만 (공자는) 그것을 기록하지 않았다. 그 두 가지 일은 옛것을 복원하고 없어진 것을 다시 일으키는 대사(大事)로 나라에서 먼저 힘 써야 할 부분으로, 이와 같은 데에 백성의 힘을 사용하는 것은 당연히 쓸 곳에 사용한 경우다. 임

금이 이 뜻을 안다면 정치를 할 때 선후와 경중이 되는 일을 구분
할 수 있을 것이다."

◎ 이천 선생이 말했다. "자신을 다스리고 집안을 가지런히 함으로써
천하를 평화롭게 하는 데에 이르는 것이 다스림의 도리다. 다스림
의 강령을 세우고, 모든 직책을 공정하게 배분하며, 천시(天時, 하늘
이 내려준 시기)에 따라 일을 처리하고, 제도를 만들고 법도를 세우는
것에 이르기까지 천하의 일을 완전하게 하는 것이 다스림의 방법
이다. 성인이 천하를 다스리는 도는 이 두 가지 단서(자신을 다스리고
집안을 가지런히 함)에 근거할 뿐이다."

◎ 명도 선생이 말했다. "옛 훌륭한 왕의 세상에서는 도로써 천하를
다스렸는데, 후세에 이르러서는 다만 법으로써 세상을 유지할 뿐
이다."
　✛ 여기서 말하는 도에 근거한 정치란 곧 유학의 기본 정신에 따르는
덕치를 말한다.

◎ 명도 선생이 말했다. "정치를 할 때에는 반드시 기강과 법도가 필
요하다. 우선 담당 관리가 직분을 다하도록 하고, 지방 관리가 백
성에게 법을 알리도록 하며, 물가를 조절하고, 도량형을 조정하는

것 등은 모두 빠뜨릴 수 없는 것이다.

사람은 각기 자신의 어버이를 어버이로서 잘 모신 다음에야 자신의 부모만 받드는 것을 넘어설 수 있다.

공자의 제자 중궁(仲弓)이 말하기를 '어떻게 하면 현명한 인재를 알아보고 등용할 수 있을까?' 하니 공자가 말하기를 '자네가 알고 있는 사람을 등용하게. 자네가 모르는 사람이야 다른 이들이 그대로 두겠는가!'라고 했다. 이를 통해 중궁과 성인(공자)의 마음 씀의 대소를 알 수 있다. 이 뜻을 미루어 보면 한 사람의 마음으로 나라를 잃을 수도 있고, 한 사람의 마음으로 나라를 흥하게 할 수도 있다. 이것은 다만 공(公)이냐 사(私)냐에 달려 있을 뿐이다."

✤ 중궁과 공자의 문답은 《논어》〈자로〉 제2장에 나온다. "중궁이 계씨의 신하가 되어서 정치에 대해 묻자 공자는 '실무 담당자를 앞세우고 작은 잘못을 용서해 주며 어진 이와 재주 있는 이를 등용해야 한다.'고 말했다. '어떻게 어진 이와 재주 있는 이를 알고 등용할 수 있겠습니까?'라고 묻자, 공자는 '자네가 아는 사람을 등용하라. 그러면 자네가 모르는 이들이야 다른 이들이 그대로 두겠는가(仲弓爲季氏宰. 問政. 子曰, 先有司. 赦小過, 擧賢才. 曰, 焉知賢才而擧之. 曰, 擧爾所知, 爾所不知, 人其舍諸)!'라고 말했다." 이 내용은 중궁이 마음을 쓰는 것이 공자와 같은 성인과 다르다는 것을 말하고자 한 것이다. 사적인 요구에 따라 사람을 쓰는 것을 넘어 공적인 차원에서 좋은 사람을 선발하는 것이 중요하다는

점을 말한 것이다.

좋은 정치를 하기 위해서는 좋은 사람을 선발해서 나라의 일을 맡기는 일이 무엇보다 중요하다. 자질이 안 되는 사람을 높은 자리에 임명하여 그 자리를 근거로 부정부패의 주인공이 되어버리는 일은 오늘날에도 흔히 볼 수 있다. 그러므로 공적 이익에 충실할 수 있는 인재를 잘 선발하는 일은 정치적 성공의 요건인 셈이다.

4. 임금의 마음을 바르게

◎ 이천 선생이 말했다. "다스리는 도에 대해서는 근본에 따라 말하는 경우가 있고, 일에 따라 말할 경우가 있다. 근본에 따라 말하자면, 오직 군주의 잘못된 마음을 바로잡는 것이다. 임금의 마음을 바르게 함으로써 조정을 바로잡고, 조정을 바로잡음으로써 백관을 바르게 하는 것이다. 일에 따라 말하자면, 만일 백성을 구제하지 않으려면 그만이지만 반드시 구제해야 한다면 반드시 변화가 있어야 한다. 크게 변하면 크게 이익이 되고, 작게 변하면 작은 이익이 된다."

◎ 이천 선생이 말했다. "당나라는 비록 태평하게 잘 다스렸다고들 하지만 오랑캐의 풍속이 있었다. 삼강(三綱, 임금과 신하, 부모와 자식, 남편과 아내 사이에 마땅히 지켜야 할 도리)이 바르지 못해 임금과 신하·부모와 자녀·부부 관계가 정립되지 않았는데 이 같은 상황의 근원은 당나라 태종(太宗, 재위 627~649)에게서 비롯되었다. 그리하여 그 후세의 자제들이 모두 제자리에 머물지 못해 임금은 임금답지 못하고 신하는 신하답지 못했다. 그래서 번진(藩鎭, 변방을 평정하기 위해 군대를 주둔시키던 곳)의 신하들이 황제에게 인사하러 오지 않았고, 권력 있는 신하들이 발호(跋扈, 권세나 세력을 제멋대로 부리며 함부로 날

뜀)함으로써 나라가 점차 약해져 결국 오대[五代, 당나라가 망한 뒤부터 송나라가 건국되기 이전까지의 과도기에 있었던 다섯 왕조. 후량(後梁)·후당(後唐)·후진(後晉)·후한(後漢)·후주(後周)를 말함]의 혼란이 있게 되었다.

한나라의 정치는 당나라보다 나았다. 한은 큰 강령이 바르게 세워졌고 당은 작은 세목이 잘 시행되었다. 지금의 조정(송나라)은 큰 강령은 바르게 서 있지만 작은 세목의 시행이 미진하다."

◎ 이천 선생이 말했다. "사람을 가르치는 것은 그 선한 마음을 길러 악이 저절로 사라지게 하는 것이고, 사람을 다스리는 것은 공경과 겸양으로 이끌어서 다툼이 저절로 없어지게 하는 것이다."

◎ 명도 선생이 말했다. "반드시 《시경》의 〈관저(關雎)〉와 〈인지(麟趾)〉의 뜻을 안 후에야 주관(周官)의 법도를 행할 수 있다."

✝ 주관(周官)은 주례(周禮)라고도 하며, 천(天)·지(地)·춘(春)·하(夏)·추(秋)·동(冬)의 육관(六官)을 가리키는 것으로 주나라 때의 법전을 말한다. 주례는 유학자들에게 모범이 되는 국가의 법전으로 계승되었다. 〈관저(關雎)〉와 〈인지(麟趾)〉는 《시경》 〈주남(周南)〉의 처음과 마지막에 나오는 시다. 유학자들은 이 두 편의 시가 부부 사이가 화목하고 신의가 돈독하며 자손들이 조상의 가르침에 따라 온화하고 곧은 마음을 가

겼음을 노래한 것으로 해석했다. 따라서 이 문장의 의미는 집안의 법도가 바로 서 있어야 나라를 다스리는 법도 잘 적용할 수 있다는 것이다.

◎ 명도 선생이 말했다. " '임금이 인자하면 인자하지 않은 사람이 없게 되고, 임금이 의로우면 의롭지 않은 사람이 없게 된다(君仁莫不仁君義莫不義).'《맹자》〈이루 상〉 제20장) 천하가 다스려지거나 다스려지지 않는 것은 임금이 인자한가, 그렇지 못한가에 달려 있을 뿐이다. 옳음을 벗어나 잘못되게 되면 곧 불인과 불의가 그 마음에서 생겨나 정치에서 드러나게 되니, 어찌 밖에서 드러나는 것을 기다린 다음에야 그런 사실을 알겠는가?

옛날에 맹자가 제나라 왕을 세 번 만나고도 정사[政事]에 대해서는 말을 하지 않자 제자가 이상하게 생각했다. 맹자가 말하기를 '나는 먼저 그 거짓된 마음[사심(邪心)]을 공격했다(我先攻其邪心).'(《순자》〈대략〉)라고 했다. 마음이 이미 바르게 된 뒤에야 천하의 일을 다스릴 수 있다. 대개 잘못된 정사(政事)나 잘못된 인재 등용은 지혜로운 사람이 고칠 수 있고, 직언하는 사람이 간언할 수 있다. 그러나 임금의 마음이 바르게 보존되지 못하면, 한 가지 실수를 바로잡는 것이야 가능하더라도 뒤에 이어지는 잘못들을 다 바로잡을 수는 없을 것이다. 그 임금의 마음을 바르게 해서 바르지 않음이 없도록 하는 것을 대인(大人)이 아니라면 누가 할 수 있겠는가."

◎ 횡거 선생이 말했다. "(공자께서는) 천승(千乘, 천 대의 수레) 규모의 (작은) 나라를 다스리는 것에 대해 예악형정(禮樂刑政, 유교 정치 사상의 근간을 이루는 4가지 통치 방법으로, 예법[禮], 음악[樂], 형벌[刑], 강령[政]을 각각 가리킴)을 언급하지 않고 '쓰임을 줄여 백성을 사랑하며 백성을 부릴 때에는 그들의 상황을 고려해야 한다.'라고 했다. 이와 같이 할 수 있으면 법도 제대로 행해질 수 있을 것이고, 이와 같이 할 수 없다면 법도 제대로 행해지지 못할 뿐 아니라, 예악형정도 겉치레에 그칠 뿐이라는 말이다."

✢ 《논어》〈학이〉 제5장에 " 공자가 말하기를, 천승 규모의 나라를 다스릴 때에는 쓰임을 줄여 백성들을 사랑하고 백성을 부릴 때에는 때에 맞게 해야 한다(子曰, 導千乘之國, 節用而愛人, 使民以時)."라는 말이 나온다. 모든 제도나 정책에 앞서 백성을 사랑하는 마음이 우선되어야 한다는 말이다.

◎ 횡거 선생이 말했다. "법이 확립되고 그것을 잘 지킬 수 있다면 덕이 오래 유지될 수 있고, 업적도 위대해질 수 있다. 음란한 정(鄭)나라의 음악과 아첨하는 사람들은 나라를 다스리는 사람들로 하여금

자신이 지켜야 할 바를 잃게 하기 때문에 공자는 그것들을 멀리 내쳤던 것이다."

✢《논어》〈위령공〉제10장에 "정나라 음악을 내치고 아첨하는 사람들을 멀리 해야 하니, 정나라 음악은 음란하고 아첨하는 사람들은 위태롭다(放鄭聲, 遠佞人, 鄭聲淫, 佞人殆)."라는 말이 나온다. 사람은 환경에 큰 영향을 받는다. 마음가짐이 아무리 확고해도 주변에 바르지 못한 사람이나 나쁜 분위기가 존재한다면 나쁜 데로 흘러갈 수 있는 법이다. 따라서 내면의 마음을 잘 조정하는 일과 함께 주변 환경도 중요하게 살펴보아야 한다는 점을 말했다.

◎ 횡거 선생이 범손지(范巽之)에게 답하는 글에서 다음과 같이 말했다. "조정에서는 도학과 정치를 두 가지 일로 보는데 이는 예로부터 우려했던 바다. 그대는 공자와 맹자의 도는 다시 일으킬 수 있다고 했는데, 이미 갖고 있는 것을 미루어 천하에 베푼다는 것인가 아니면 할 수 없는 것을 억지로 천하에 베푼다는 것인가.

대체로 임금과 재상은 천하의 부모라는 생각으로 왕도를 행하는 것이다. 부모와 같은 마음을 백성에게 베풀지 못하고서 왕도를 행할 수 있겠는가? 부모의 마음은 단지 말로 표현하는 데에서만 드러나는 것이 아니다. 반드시 온 세상의 사람들 바라보기를 자신의 자식과 같은 마음으로 보아야 한다. 만일 세상 사람들을 모두 자기의 자식처럼 여긴다면 정치를 베푸는 방식이 진나라나 한나라와 같이 작은 은혜로 행하지 않을 것이고, 오패[五霸, 춘추 시대의 제후 가운데서 패업(霸業)을 이룬 다섯 사람. 제(齊)나라의 환공(桓公), 진(晉)나라의 문공(文公), 진(秦)나라의 목공(穆公), 송(宋)나라의 양공(襄公), 초(楚)나라의 장왕(莊王) 등을 이르는데, 목공과 양공 대신에 오(吳)나라의 부차(夫差)와 월(越)나라의 구천(句踐)을 이르기도 함]처럼 인의를 거짓으로 빌리지도 않을 것이다.

그대는 조정을 위해 다음과 같이 말하라. '사람을 비판할 것도 없고, 정책을 논란할 필요도 없다(人不足與適也, 政不足間也).'(《맹자》〈이루상〉 제20장)라고 했으니, 우리 임금으로 하여금 천하 사람들을 사랑하기를 마치 어린 아이와 같이 하도록 할 수 있다면 다스림의 덕이 날로 새로워지고 등용되는 사람은 반드시 좋은 선비가 될 것이다. 제왕의 도는 고칠 방도를 찾을 필요가 없이 이루어질 것이고, 학문과 정치는 특별한 마음을 내지 않아도 터득할 수 있을 것이다."

✛ 임금이 바른 마음을 가질 수 있도록 돕는 것이 좋은 정치를 할 수 있는 가장 기본적인 관건임을 지적한 글이다.

제2장
정치의 방법

1. 풍속을 바르게 하고 인재를 중히 여김

◎ 염계 선생이 말했다. "옛날 성왕(聖王, 훌륭한 임금을 지칭하는 말)이 예법을 제정해 교화의 방안을 정비하니 삼강(三綱, 유교의 도덕에서 기본이 되는 세 가지 강령으로, 임금과 신하, 부모와 자식, 남편과 아내 사이에 마땅히 지켜야 할 도리)이 바로 서고 구주(九疇, 우임금이 정한 정치 도덕의 아홉 가지 원칙)가 차례대로 행해져서 백성들이 대단히 잘 화합하고, 만물이 다 순응했다.

이에 음악을 만들어서 여덟 가지 바람(八風, 여덟 방향에서 불어오는 바람이라는 뜻으로 음악 소리가 들려오는 방위)의 기운을 펼치니 천하 사람들의 감정이 평화로워졌다.

그러므로 음악 소리는 담박(淡泊, 욕심이 없고 마음이 깨끗함)해서 감정을 상하게 하지 않고, 잘 조화하지만 지나치지는 않아서 귀로 들으면 그 마음을 감화시킴으로써 담박하고 또 조화롭게 되지 않는 이가 없다. 담박하면 욕심이 안정되고, 조화로우면 조급한 마음이 풀린다.

여유 있고 부드러우며 평안하고 절도에 맞는 것은 덕이 성대한 것이다. 천하가 교화되어 절도에 맞게 되는 것은 다스림이 지극한 것이다. 이는 도가 천지와 짝하는 것으로 옛날에 표준으로 삼았던 바다.

후세에 오자 예법이 정비되지 못하고 정치와 형벌은 문란하고 가혹해진네나가 위정사가 제멋대로 행동하며 법도를 무너뜨리자, 아래 백성들이 곤란하고 고통스럽게 되었다. 옛 음악은 들을 만하지 않다고 해서 새로운 음악으로 대체하거나 변화시켰다. 새로운 음악은 요사하고 방탕하며 근심과 원망에 차서 증오와 슬픔을 초래하는 것을 그칠 수 없었다. 그리하여 임금을 해치고 부모를 버리며 생명을 가볍게 여기고 윤리를 해치는 것을 금할 수가 없게 되었다.

아아! 음악이 옛날에는 마음을 평안하게 했는데 지금은 욕심을 부추기고, 옛날에는 교화를 펼치도록 했는데 지금은 원망을 키우는구나!

옛날의 예법을 회복하지 않고, 지금의 음악을 변화시키지 않으면서 좋은 정치를 하고자 하는 것은 아득히 먼 일이다!"

✢ 구주(九疇)란 천하를 다스리는 아홉 가지 법을 말한다. 은나라 기자(箕子)가 주나라 무왕에게 말한 것으로 우임금 시절에 실행되었다고 하는데, 《서경》〈홍범〉에 나온다. 아홉 가지는 오행(五行)·오사(五事)·팔

정(八政)·오기(五紀)·황극(皇極, 임금의 법칙)·삼덕(三德)·계의(稽疑, 의심을 물음)·서징(庶徵)·오복 육극(五福 六極)이다. 이것은 고대의 여러 가지 정치나 도덕의 영역과 범주를 포괄하는 개념이다. 그 구체적 항목은 아래와 같다.

1) 오행: 목(木)·화(火)·토(土)·금(金)·수(水)

2) 오사: 모(貌, 외모)·언(言, 말)·시(視, 보는 것)·청(聽, 듣는 것)·사(思, 생각)

3) 팔정: 식(食, 먹는 것을 다스림)·화(貨, 재물을 다스림)·사(祀, 제사를 다스림)·사공(司空, 땅을 다스림)·사도(司徒, 백성을 다스림)·사구(司寇, 죄를 다스림)·빈(賓, 손님을 접대함)·사(師, 군대를 다스림)

4) 오기: 세(歲, 해)·일(日, 날)·월(月, 달)·성신(星辰, 별)·역수(曆數, 역법 계산) 삼덕: 정직(正直, 바르고 곧음)·강극(强克, 강함으로 이김)·유극(柔克, 부드러움으로 이김)

5) 황극: 임금의 법칙, 즉 임금이 정치의 법을 세우는 것.

6) 계의: 우(雨, 비옴)·제(霽, 비가 그침)·몽(蒙, 안개 낌)·역(驛, 말이 맑음)·극(克, 흐렸다 맑았다 함)·정(貞, 곧음)·회(悔, 뉘우침)

7) 서징: 우(雨, 비옴)·사(陽, 햇빛 남)·욱(燠, 더움)·한(寒, 추움)·풍(風, 바람 붊)·시(時)

8) 오복: 수(壽, 오래 삶)·부(富, 부함)·강령(康寧, 안락함)·덕(德, 미덕을 갖춤)·고종명(考終命, 늙어 죽음)

9) 육극: 흉단절(凶短折, 횡사와 일찍 죽음)·질(疾, 병듦)·우(憂, 근심함)·빈

(貧, 가난함)·악(惡, 악함)·약(弱, 몸이 약함)

◎ 명도 선생이 조정에 올리는 글에서 다음과 같이 말했다. "천하를 다스릴 때에는 풍속을 바르게 하고 현명한 인재를 얻는 것을 근본으로 삼아야 합니다. 우선 가까이에서 임금을 모시는 현명한 학자들과 모든 관직을 가진 이들에게 예법에 따라 명을 내리시어, 덕업이 충분히 갖춰져 있어 모범이 되기에 충분한 인재들을 마음을 다해 찾도록 하십시오. 그 다음에 뜻이 돈독하고 학문을 좋아하며 재주가 좋고 행동이 잘 수련된 사람이 있으면, 사자를 보내서 예를 갖춰 초빙하고 서울에 모이게 한 다음 아침저녁으로 함께 바른 학문을 연구하고 토론하도록 하십시오.

그 도는 반드시 인륜에 근본을 두어야 하고 사물의 이치를 밝히는 것이어야 하며, 그 가르침은 《소학》에 나오는 물 뿌려서 청소하고 어른에게 응대하는 예절에서부터 시작해 효제충신(孝悌忠信, 효도와 우애, 충성과 믿음)의 덕성을 수양하고 예악(예법과 음악)을 두루 익히는 것이어야 합니다.

이끌어 나아가게 하고 격려해서 분발하게 함으로써 점차 이루도록 하는 방법에는 절차와 순서가 있습니다. 그 요점은 선(善)을 택해 수신(修身)하는 것에서부터 천하를 교화시키는 것까지 이르는 데에 있습니다. 이것이 일개 시골 사람이라도 성인이 될 수 있는 길입니다.

학업과 행동이 여기에 부합되는 사람은 덕을 이룬 것입니다. 재주와 식견이 밝고 뛰어나서 선으로 나아갈 수 있는 사람을 뽑아 날마다 그런 수업을 받게 하십시오.

학문에 밝고 덕이 높은 사람을 택해 태학(太學, 국립 교육 기관)의 선생님으로 임명한 다음 천하의 학생들을 나누어 가르치도록 하십시오. 선비를 뽑아 입학시키고 현(縣)에서는 주(州)의 학교로 승급시키고, 주에서는 빈(賓)으로 태학에 올립니다. 태학에서는 그들을 모아 교육하고, 해마다 그 중 현명하고 능력 있는 자를 조정에서 논의해 선발하도록 하십시오.

일반적으로 선비를 선발하는 방법은, 성품과 행동이 단정하고 깨끗하며 집에서 효도와 우애를 실천하고 염치가 있어 예에 따라 겸손하며 학문에 두루 통하고 다스림의 도에 밝게 통달한 것 등을 기준으로 해야 합니다."

✦ 태학(太學)은 국자감(國子監)과 함께 최고학부의 하나로 수도에 있었다. 단 국자감은 벼슬이 7품 이상인 관리의 자제를 수용한 반면 태학에서는 8품 이하의 자제 및 우수한 서민들이 입학할 수 있었다.

◎ 명도 선생이 다음과 같은 열 가지 일을 논했다.

첫째는 사부(師傅, 황제나 조정의 스승으로 모시는 직책)다. 둘째는 여섯 관직[육관(六官), 조정의 주요 관직]이다. 셋째는 경계(經界, 백성들의 삶을 위한 경작지 분배)다. 넷째는 향당(鄕黨, 마을의 공동생활)이다. 다섯째는 공사(貢士, 선비를 천거하는 일)다. 여섯째는 병역(兵役, 군인으로서 뽑는 일)이다. 일곱째는 백성들의 식량[민식(民食)]이다. 여덟째는 사·농·공·상의 사민(四民)이다. 아홉째는 산택(山澤, 산과 늪의 관리)이다. 열 번째는 분수(分數, 신분에 맞는 예법과 대우)다.

그가 말했다.

"고금(古今)과 치란(治亂)을 막론하고 백성을 길러 주는 도리가 곤궁해지면 성왕의 법으로 고칠 수 있습니다. 후세에 그 도를 완전히 실현할 수 있으면 크게 다스려졌고, 그 일부분이라도 사용할 수 있었다면 편안하게 되었으니, 이것은 대대로 분명하게 드러난 효과입니다. 그런데 만일 옛것을 고수하는 것만을 알아서 지금에 맞게 시행하지 못하고 단지 명분만 따르고자 해서 결국 그 실질을 없애 버리게 된다면 이는 비루한 학자의 견해일 뿐이니 어떻게 다스림의 도를 논할 수 있겠습니까? 그러나 만약 오늘날 사람들의 실정은 모두 예전과 달라서 선왕의 자취를 따라 지금 다시 되돌아 갈 수는 없다고 하면서 당장 눈앞의 것만 추구하고 고원(高遠, 멀고 높은 상태)한 것은 힘쓰지 않는다면 이 또한 큰일을 할 수 있는 논의가 아닐 것입니다. 이러한 자세는 오늘날 당면한 심한 폐단을 해결하기에 부족합니다."

◎ 이천 선생이 상소에서 다음과 같이 말했다.

"삼대의 시대에 임금은 반드시 사(師)·보(保)·부(傅)의 관직을 두었습니다. 사는 교훈으로 인도했고, 부는 덕의(德義)를 이끌었으며 보는 임금의 신체를 보호했습니다.

후세에는 일을 하는데 근본이 없어서 다스림을 구할 줄은 알아도 임금을 바르게 할 줄은 모르고, 잘못을 바로잡는 것은 알아도 덕을 길러주는 것은 알지 못합니다.

덕의를 도와주는 도는 이미 소원해졌고, 신체를 보호해 주는 법도 더는 듣지를 못하겠습니다.

신(臣)이 생각하기에, 덕의를 도와주는 것은 보고 듣는 것의 잘못을 막아 주고 지나친 기호(嗜好, 즐기고 좋아함)를 절제하도록 하는 것에 달려 있으며, 신체를 보호해 주는 것은 머물거나 움직이는 것이 적절할 수 있도록 조절하고, 삼가하거나 신중한 마음의 자세를 보존하는 데에 달려 있습니다.

이제 이미 보·부의 관직이 설치되지 않았으니, 이 책임은 모두 경연관[經筵官, 임금에게 경서의 강론이나 학문 지도, 현안 정치 문제 등을 토의하는 관직]에게 있습니다. 신이 바라건대 황제께서 궁중에 계실 때의 언동이나 복식은 모두 경연관이 알도록 하십시오. 그리하여 주나라 성왕의 오동잎 자르기와 같은 장난이 있으면 일에 따라서 경계해 바로잡고, 몸이나 정신을 유지하고 기르는 방법에 어굿나는 일이 생기면 때에 맞춰 간언함으로써 멈추도록 하십시오.”

✤ 주나라 성왕의 오동잎 자르기 장난은 《사기》에 나오는 일화로 다음과 같은 이야기다. 성왕(成王)은 어려서 왕위에 올랐는데, 어느 날 동생인 숙우(叔虞)에게 오동잎을 잘라 홀[규(珪), 위 끝은 뾰족하고 아래는 네모지게 옥으로 만든 물건으로 옛날 중국에서 천자(天子)가 제후를 봉하거나 신을 모실 때에 사용했다]이라 하며 “이것으로 너를 제후에 봉한다!”라는 장난을 쳤다. 이에 사일(史佚)이라는 신하가 “천자는 장난으로 말해서는 안 되니 숙우를 임명해야 합니다.”라고 말해서 결국 어린 동생을 당국(唐國)의 제후로 봉했다. 이렇게 천자는 아무리 작은 것이라도 자신의 말과 행동을 조심해야 된다는 의미다.

2. 조직화된 정치 체계의 수립과 실천

◎ 이천 선생이 삼학(三學, 3가지 학문 교육)의 제도를 자세히 살펴본 후 다음과 같이 말했다.

"옛날 제도에서는 공사(公私)의 시험으로 보충하기를 한 달도 쉰 적이 없었습니다. 그러나 학교는 예의를 서로 권하게 하는 곳이 니, 달마다 경쟁하도록 하는 것은 가르치고 길러 주는 방법이 아닙 니다. 그러니 시험을 과제로 바꾸고 그것으로 미진한 학생이 있으 면 학관이 불러서 가르치도록 하십시오. 더 이상 시험으로 등급을 정해서는 안 됩니다.

존현당(尊賢堂, 현인을 존중하는 기관)을 만들어 도덕을 갖춘 천하의 선비들을 모으고, 대빈재(待賓齋, 귀한 손님으로 모시는 기관)와 이사재 (吏師齋, 관리들의 스승이 될 만한 사람을 모시는 기관)를 설치해서 선비들의 행동을 검속하는 법을 세우십시오."

또 다음과 같이 말했다.

"원풍(송나라 신종 때의 연호, 1078~1085)년간 이후, 이익으로 사람을 유인하는 법을 만들고 국학의 정원을 늘려서 그 수가 오백여 명에 이르렀습니다. 오는 사람은 분주하게 와서 부모의 봉양을 저버리 고 골육(骨肉, 부자, 형제 등의 육친) 간의 사랑을 잊은 채 도로를 왕래 하고 객지에 머물러서 인심이 날로 구차해지고 학자들의 기풍은 날로 경박해졌습니다.

이제 백여 명만 남기고 사백여 명은 주와 군의 정원이 작은 학교에 나누어 보내 거처하도록 하면 자연 선비들은 각자의 고향에서 편안하게 효도하고 사랑하는 마음을 기르고 분주하게 유랑하는 뜻은 그치게 될 것이니 풍속도 당연히 점차 도타워질 것입니다."

또 말했다.

"삼사승보법[三舍升補法, 태학에서 거처를 세 등급(外舍·內舍·上舍)으로 나누고 시험을 통해 거처를 옮기게 하고, 상등급의 거처에 머무는 사람은 다시 시험을 보아 승진시켜 지위를 주는 법]은 모두 문장을 살피고 업적을 따지는 것으로 유사(有司, 행정 기관)의 일이지 학교에서 인재를 교육하고 뛰어난 자를 논하는 방법이 아닙니다.

조정에서 내리는 법은 반드시 아래에까지 도달하는데, 장관들은 법만 고수하고 있어서 의미 있는 일을 할 수 없습니다. 이 때문에 실제로 일은 아래에서 이루어지고 아랫사람이 윗사람을 제어하게 됩니다. 이것이 후세에 잘 다스려지지 않게 된 원인입니다."

✢ 학교의 핵심 역할은 학생들의 인격 함양에 기초하면서 사회에서 필요한 지식을 교육하는 일이다. 그렇지 않고 시험을 통과하기 위한 기술이나 경쟁심만 조장하는 학교 제도는 당연히 고쳐져야 한다는 주장이다. 학생들의 인격 함양을 위한 방법 중 하나가 모범이 될 만한

사람들을 보여주는 것이다. 그래서 여기서는 재주와 덕이 다른 사람보다 뛰어난 사람들을 예로써 초빙하여 선비들이 지향하고 흠모해야 할 바를 알게 해야 한다고 주장했다. 그런 교육 과정을 거친 다음에 학자들의 행동을 엄중하게 단속하는 법을 만드는 것이 바른 절차라고 했다.

◎ 명도 선생 행장에 다음과 같은 말이 나온다. "선생이 택주(澤州)의 진성령(晉城令)으로 있을 때 백성이 일이 있어 읍에 오면 반드시 효제와 충신의 실천을 알려 주어 집에 들어가서는 부형을 섬기고 밖에 나와서는 윗사람을 섬기도록 했다. 향촌의 멀고 가까움을 헤아려 오보(伍保, 다섯 가구를 묶은 마을 공동체)를 만들어서 힘든 일을 서로 돕고 어려운 일을 서로 구제하며, 간사하고 거짓된 행동이 끼어들지 못하도록 했다. 고아나 외로운 사람, 불구자들은 친척과 이웃에게 책임을 지워 보살피도록 했고, 여행길에 병이 난 사람은 모두 보살핌을 받을 수 있도록 했다.

모든 향촌에 다 학교가 있고, 여가가 날 때 직접 가서 학부형들을 불러 함께 이야기를 나누었다. 아동 책에 있는 문장 부호를 직접 바로잡아 주기도 했다. 가르치는 자가 좋지 않으면 교체했으며, 학생들 중 우수한 자를 모아서 따로 가르쳤다. 향민은 사회(社會)를 만들어 규칙을 세우게 했고, 선악을 구별해 밝힘으로써 선을 권하고 악은 부끄러워하도록 했다."

✚ 오보(伍保)란 원래 마을의 가구를 나누는 단위인데, 다섯 집이 오(伍)가 되고 다섯 오가 보(保)를 이룬다. 여기서 '오'는 가까운 사람들끼리 서로 함께 한다는 의미를 갖고, '보'는 서로 보호한다는 의미를 지닌 것으로 볼 수 있다. 말하자면 마을 단위로 상부상조 조직을 만든 것이다.

사회(社會)에서 사(社)는 15가(家)를 말하는 것인데, 사회는 15가 단위로 이루어진 자치 조직을 말한다. 우리나라로 치자면 조선 시대에 마을 단위로 만든 향약과 비슷한 조직이다.

이렇게 성리학자들이 마을 단위로 상부상조 조직을 만든 이유는 유학의 윤리 이념이 기본적으로 가족을 중심으로 이루어졌기 때문이다. 유학 사상은 가족을 중심으로 이루어진 도덕적인 마을 공동체를 이상적인 사회 조직으로 보았다. 부모 형제라는 가족을 중심으로 효제가 이루어지고 마을 공동체를 기반으로 충신이 이루어져야 사회가 건전하게 된다고 믿었던 것이다. 성리학의 기초를 마련한 정명도가 전성이라는 곳의 현령(縣令)으로 부임하자 그는 곧바로 이런 자신의 이념을 실현하고자 했고 그런 그의 행적을 칭송한 글이다.

◎ 이천 선생이 말했다. "관할(管轄. 군대를 통솔하는 일)하는 사람은 반드

시 법에 의거해야 한다. 다만 엄하기만 해서는 아무 소용이 없다. 지금 천여 명을 통솔하면서 그들 모두가 제때에 밥을 먹을 수 있도록 할 수 있는 사람이 몇이나 되겠는가?

일찍이 '어느 날 밤 군중에서 동요가 일어났는데도 아부(亞夫, 한나라 장수)는 누운 채 일어나지 않았다.'라고 했는데, 일어나지 않은 것은 잘한 일이지만 밤에 동요가 일어난 것은 무슨 까닭인가? 역시 완전히 잘한 것은 아니었던 셈이다."

✤ 주아부(周亞夫)는 한나라 초기 개국 공신으로 제후에 봉해진 장수 주발(周勃)의 아들로 6대 경제(景帝) 때 오초·칠국(吳楚·七國)이 반란을 일으키자 그를 평정하기 위해 군사를 이끌고 나갔다. 오초칠국의 난이란 강남 지역에 있던 오나라와 초나라 등 7개 제후국 왕이 일으킨 난을 말한다. 한나라는 건국 초기 불안정한 국내 정세 때문에 황실의 친척이나 건국 공신 등을 제후국 왕이나 후로 봉했는데, 경제 시대로 오면서 중앙 집권 정책을 강화하려고 이들 제후국의 땅이나 권한을 축소하려 들었다. 그러자 오나라 왕과 초나라 왕을 중심으로 강남의 7개 제후국이 반란을 일으켰다.

이때 주아부가 장수로 나가 방어 전략과 기습 전략을 적절하게 펴서 이를 진압하게 된다. 방어 전략을 펴던 초기에 주아부의 군중에서 혼란이 일어났지만 주아부는 일어나지도 않은 것처럼 태연하게 행동했다는 것인데, 이런 면모 때문에 그는 후세에 자주 언급되는 인물이

었다. 그러나 군중에 혼란이 일어났으니 완벽하게 군대를 통솔했던 것
은 아니라는 지적이다.

3. 근본을 중시하는 정치

◎ 이천 선생이 말했다. "천하의 인심을 총괄하고 종법(宗法)을 수습하며 풍속을 도탑게 해 사람들이 자신의 근본을 잊지 않도록 하려면 반드시 자신들의 계보를 잘 알도록 하고 세족(世族, 대대로 이어져 온 집안의 사람들)을 거두며 종자(宗子, 종가의 맏아들)의 법을 세워야 한다."

✤ 맏아들이 집안의 전통을 잇는 제도를 종자법(宗子法)이라고 한다. 또 각 나라의 제후가 그 맏아들에게 자신의 자리를 물려주는 제도가 종법이다. 종법 제도는 중국 고대에 행해졌던 것이므로 송나라 시대에 꼭 들어맞는 것은 아니지만 그 기본 정신을 살려야 한다는 생각이 반영된 말이다.

◎ 이천 선생이 말했다. "종자(宗子)의 법이 무너지면 사람들은 자신이 어디로부터 왔는지를 알 수 없게 된다. 사방으로 떠돌다가 아직 친족 관계가 끊어지지 않았는데도 서로 알아보지 못하게 된다. 그러니 지금 시험 삼아 하나나 둘의 큰 집안에서 (종자의 법을) 행하도록 해서 그 방식이 굳게 지켜질 수 있도록 해야 한다. 또 당나라 때처럼 묘원(廟院)을 세우고, 조상에게 받은 땅을 분할하지 말고 한 사람이 주관하도록 해야 한다."

✤ 묘원(廟院)은 집 안에 세우는 사당을 말한다. 한나라 때는 공경(公卿)의 묘가 묘지에 세워져서 고대의 묘제(廟制)와 달랐는데, 당나라 때는 다시 옛날 제도로 되돌려서 여러 벼슬아치들의 묘를 각자의 집에 세우도록 했다. 이는 가묘(家廟)를 종자의 집에 세우게 함으로써 종자의 지위를 강화했던 조치다.

정이천이 이런 주장을 한 것은 송나라 시대 또한 권문세족이 권력을 세습하던 때였고 유학 사상은 집안을 잘 보존하고 조상에게 제사 지내는 것을 중시했기 때문이다.

◎ 이천 선생이 말했다. "일반적으로 집안의 법도는 반드시 한 달에 한 번의 모임을 통해 가족들이 만나도록 해야 한다. 옛날 꽃나무 아래서 위씨 집안이 집안 회의[종회(宗會)]를 연 일이 있었으니 그것을 취할 만하다. 가족이 멀리서 올 때마다 한 번씩 모임을 해야 한다. 길하고 흉한 일이나 시집가고 장가가는 등의 일은 서로 예에 맞게 의논해서 골육의 뜻이 항상 통하도록 해야 한다. 골육의 친척이 나날이 소원해지는 것은 서로 만나지 않아 정이 교류되지 않기 때문이다."

✤ 꽃나무 아래서 위씨 집안이 집안 회의를 했던 것이 오늘날 각 종친회를 화수회(花樹會)라 칭하는 것의 유래다.

◎ 이천 선생이 말했다. "관혼상제는 예절 가운데 중요한 것인데 지금 사람들은 모두 이해하지 못하고 있다. 승냥이와 수달도 다 근본에 보답할 줄 아는데 오늘날 사대부 집안에서도 이것을 소홀히 하는 경우가 많다. 부모를 모시는 것은 잘 하면서도 선조에게 변변치 못하게 하니 이는 대단히 잘못된 일이다. 나는 일찍이 육례(六禮)를 정비한 바 있다. 그 중 조상을 섬기는 예는 대략 다음과 같다.

집안에는 반드시 가묘가 있어야 하고, 가묘에는 신주가 있어야 한다. 매월 초하루에는 새로 나온 음식을 올리고 계절에 따라 지내는 제사[시제(時祭)]는 중월(仲月, 4계절의 가운데 달로 음력으로는 2월, 5월, 8월, 11월을 말함)에 지낸다. 동지에는 시조에게 제사지내고, 입추에는 선조에게 제사지내며 9월[계추(季秋)]에는 돌아가신 부모에게 제사지낸다. 조상의 기일에는 신주를 정침[正寢, 제사를 지내는 몸채(여러 채로 된 살림집에서 주가 되는 집채)의 방]으로 옮겨 제사지낸다.

늘 죽은 조상을 섬기는 일은 살아 있는 어른을 섬기기보다 더 잘해야 한다. 집안에서 이러한 예절을 잘 보전해서 행할 수 있다면 어린 아이에게도 점차 예의를 알도록 할 수 있을 것이다."

✝ 육례(六禮)는 관·혼·상·제와 향음주(鄕飮酒)·사상견(士相見)의 여섯 예절을 말한다. 향음주례는 주나라 때부터 실시되었던 의식으로 지방 학교[향교]의 우등생을 태학으로 보낼 때 지방의 대부(大富, 큰 부자)가 그

학생을 위해 연회를 베푸는 것이다. 사상견례는 선비가 다른 선비에게 선물을 받고 만나 보는 예절이다. 관·혼·상·제는 인생의 통과의례라 한다. 유학 사상에서는 사람이 성인식·혼인식·장례·제례를 통해 한 사람의 성인으로서의 도리를 다하게 된다는 생각에서 이것을 매우 중시했다.

◎ 이천 선생이 말했다. "택조(宅兆, 무덤의 구덩이 속과 벽 안을 통틀어 이르는 말)를 점친다는 말은 그 땅의 좋고 나쁨을 점친다는 말이다. 그 땅이 좋으면 조상의 영혼이 편안하고 그 자손이 번성한다. 그러면 어떤 땅을 좋은 곳이라 하는가? 흙의 색에 광택이 있고 초목이 무성한 것이 좋은 땅의 증거가 된다. 그런데 금기에 얽매인 자들은 택지의 방위나 택일의 길흉에 마음을 빼앗긴다. 심한 자는 조상을 섬기는 것으로 헤아리는 것이 아니라 오직 후세에 이롭게 되는 것만을 고려하기도 한다. 이는 효자로서 조상을 편히 모시고자 마음을 쓰는 태도가 아니다.

오직 다음의 다섯 가지 근심거리에 대해서는 신중히 해야만 한다. 뒷날 도로가 나지 않도록 하고, 성곽이 만들어지지 않도록 하며, 개울이 되지 않도록 하고, 권세 있는 자들에게 빼앗기지 않도록 하며, 밭을 가는 쟁기가 미치지 않도록 해야 한다."

◎ 이천 선생이 말했다. "오늘날엔 종자(宗子)가 없으니 조정에는 대를 이어 충성을 하는 신하[세신(世臣)]가 없다. 종자법(宗子法)을 확립한다면 사람들은 조상을 존경하고 근본을 중히 여길 줄 알게 될 것이다. 사람들이 근본을 중히 여긴다면 조정의 위세는 저절로 높아질 것이다.

옛날에는 자제들이 부형을 따랐는데, 요즘은 부형이 자제를 따르니 이는 근본을 모르는 것에서 나온 것이다. 한나라 고조가 패(沛) 땅을 함락시킬 때 단지 백서(帛書, 비단에 쓴 편지)를 패의 부로(父老, 마을의 유력한 노인)들에게 주자, 그 부형들이 자제들을 거느리고 따르려고 왔다. 또 사마상여(司馬相如, 한나라 무제 시절의 관리)가 촉(蜀)에 사신으로 갔을 때에도 글을 보내 부로들을 문책한 후에 그 자제들이 모두 명을 받들어 따랐다. 이는 일정한 존비(尊卑)와 상하의 구분이 있게 됨으로써 그 뒤에 순종해서 혼란하지 않을 수 있었던 것이다. 만일 종자법으로 연계되어 있지 않았다면 어떻게 가능할 수 있었겠는가?

또한 종자법을 확립하는 것 역시 천리(天理)다. 이것은 나무에는 반드시 뿌리로부터 곧게 위로 올라간 하나의 줄기가 있고, 또 반드시 곁가지들도 있는 것에 비유할 수 있다. 또한 물이 비록 멀리까지 흘러가더라도 반드시 바른 근원이 있고, 나누어지는 곳도 있는 것에 비유할 수 있다. 곧 자연스런 형세인 것이다.

그런데 또 곁가지가 발전해서 줄기가 되는 경우도 있다. 그래서 옛말에 '천자가 나라를 세우면 제후가 종(宗)을 빼앗는다.'라는 말이 있다.

◎ 형화숙[邢和叔, 명도(정호)·이천(정이) 선생의 문인]이 명도 선생의 일을 서술해서 다음과 같이 말했다. "요·순과 삼대 제왕의 다스림은 넓고 크고 유원(悠遠, 아득히 멈)해서 상하로 천지와 흐름을 같이 했다는 사실을 선생은 진실로 묵묵히 깨달았다.

예악 제도와 문물을 일으키는 것으로부터 군대를 움직여 군사를 부리고 전쟁의 진을 배치하는 법에 이르기까지 익히지 않은 것이 없어서 모두 그 지극한 경지에 이르렀다. 밖으로는 이적(夷狄)의 정황과 산천·도로의 지형, 국경의 경비, 성채(城寨, 성은 흙을 쌓아 백성이 살 수 있도록 한 곳이고, 채는 나무를 엮어 병사들이 거처하게 만든 곳)를 쌓고 적의 정황을 살피고 진영을 보호하는 요령까지 모두 연구해서 모르는 것이 없었다.

일을 처리하고 결정하는 것과 법조문과 장부에 대해서도 다 상세히 익히고 있었다. 선생과 같은 분은 통달한 유학자이며 완전한 재주를 지닌 사람이라 할 수 있다."

4. 공평함을 추구하는 정치

◎ 횡거 선생이 말했다. "용병의 전략과 군대의 규율은 성인이 부득이해서 사용했던 것이다. 그 방법은 삼왕(하나라 우왕, 은나라 탕왕, 주나라 무왕·문왕의 세 임금)의 방책(方策)이나 역대의 기록에 보인다. 오직 뜻 있는 선비와 인(仁)한 사람만이 그것을 통해 멀리까지 내다볼 수 있다. 평소에 미리 대비해서 소홀이 하거나 잊어서는 안된다."

✤ 방책(方策): 목판에 기록된 것을 '방'이라 하고, 대나무에 기록한 것을 '책'이라 하니, 방책은 그러한 옛날의 방식으로 기록된 문서를 말한다.

◎ 횡거 선생이 말했다. "오늘날 사형수 중에 일부를 선택해 육체적 형벌[육벽(肉辟)]을 하면, 백성들의 죽음을 늦추게 할 수 있을 것이다. 백성들의 마음이 흩어진 지 오래라는 사실을 유념해야만 한다."

✤ 육벽(肉辟)은 몸에 상처를 내거나 일부를 잘라내는 다섯 가지 형벌을 말한다. 이마에 새기는 것을 묵벽(墨辟), 코를 베는 것을 의벽(劓辟), 발꿈치를 베는 것을 비벽(剕辟), 생식기를 못 쓰게 하는 것을 궁벽(宮辟)이라 하고, 사형을 대벽(大辟)이라 한다.

이 글은 비록 죽을죄를 지었다고 해도 함부로 사람을 죽이는 것은 좋은 정치가 아니라는 의미다.

◎ 여여숙(呂與叔)이 〈횡거 선생 행장〉을 지어서 다음과 같이 말했다. "선생은 분연히 삼대의 다스림에 뜻을 두었고, 사람 다스리는 일에서 우선 힘써야 할 사항을 논하며 경계(經界, 공평한 토지 분배)가 급한 일이라고 했다.

그래서 일찍이 '인정(仁政)은 반드시 경계를 잘 실시하는 것에서 시작한다. 빈부가 균등하지 않으면 가르치고 길러 줄 방법이 없으니 비록 다스림을 말하고자 해도 구차해질 따름이다. 세상에서 경계가 행해지기 어렵다고 걱정하는 자들은 부자의 땅을 갑자기 빼앗아서는 안 된다는 것을 이유로 삼는다. 그러나 이 법을 행하면 기뻐할 사람들이 더 많을 것이다. 그것을 처리하는 방법을 찾아 시행하고 몇 년 동안의 기한을 둔다면, 한 사람도 벌주지 않고 실현할 수 있을 것이다. 걱정되는 것은 단지 위에 있는 사람들이 행하지 않는 것일 뿐이다.' 또한 '천하를 대상으로 행할 수 없다면, 한 고장에서라도 시험할 수 있을 것이다.'라고도 말했다. (횡거 선생은) 학자들과 옛 법에 대해 의논해 방안을 세워 다음처럼 하려고 했다. 한 지방의 땅을 함께 산 다음 몇 개 정(井)으로 구분한 뒤, 위로는 공가(公家)의 부역을 빠뜨리지 않도록 하고, 물러나서는 개인마다 경계를 바르게 정한다. 택지와 마을을 구분하고 조세법을 세우며 저축을 늘이고 학교를 세워 예의범절에 대한 풍속을 이루어낸다. 환난당한 자를 구제하고 병난 사람을 도우며 근본은 돈독하게 하고 말단은 억제하니, 이는 선왕이 남긴 법을 유추해서 오늘날 당연히 행해야 할 바를 밝히기에 충분한 것이었다. 그런데 이것은 모두 뜻은 있었지만 성취하지는 못했다."

◎ 횡거 선생이 말했다. "천하를 다스릴 때 정전제(井田制, 하·은·주 시대에 시행한 공동체적인 토지 제도)로부터 시작하지 않으면 끝내 공평하게 될 수 없다. 주나라의 도는 다만 고르고 공평한 것이었다."

✢ 여기서 경계를 바르게 해야 한다고 논한 것은 모두 맹자가 강조했던 정전제에 근거해야 한다는 주장이었다. 정전제는 고대의 이상적인 토지 제도로 우물 정(井)자처럼 토지를 9등분해서 가운데 토지는 세금으로 공동 경작하고 나머지 8구역을 동일하게 나눠 갖는 공동체적인 제도를 말한다.

◎ "횡거 선생이 운암의 현령이 되어 정사(政事)를 할 때, 인륜과 도덕의 근본을 두텁게 하고 풍속을 선하게 하는 것을 우선으로 삼았다.
　매월 초하루에 술과 음식을 갖추고 마을의 나이 든 사람들을 관청의 뜰로 초청해서 직접 술을 권함으로써 사람들로 하여금 노인을 봉양하고 어른을 모시는 뜻을 알게 했다. 그 자리에서 백성들의 어려움을 묻고 젊은이들을 훈계하는 뜻을 말했다."《장자전서》〈행장〉

◎ 횡거 선생이 말했다. "옛날에는 동궁(東宮, 여기서 궁은 궁궐이 아니라 집을 의미함)이 있고 서궁이 있고 남궁이 있고 북궁이 있어서 (사람들이 서로) 다른 곳에 궁이 있었지만 재산은 공유했는데, 이러한 예는 지금도 행할 수 있다. 옛사람들은 생각이 멀리까지 미쳐서, 당장은 비록 소원한 것처럼 보이지만 사실은 이렇게 함으로써 오래도록 서로 친할 수 있었다. 수십, 수백 명이 되는 집안에서 음식과 의복이 모두에게 한결같기는 어려운 일이다.

또 궁을 달리 해서 자식들이 부모에게 사적인 정을 펼칠 수 있도록 했으니, 이는 자식의 사사로움을 보호하는 것이다. 자식이 부모에게 사사로운 정을 다하지 않는다면 자식이 될 수 없다. 옛사람들은 이렇게 반드시 인정(人情)을 매우 정성스럽게 생각했다. 같은 궁에서 숙부와 백부가 같이 산다면 자식 된 자가 어떻게 유독 자기 아버지에게만 도탑게 대할 것이며, 아비 된 사람은 또 어찌 그것을 받을 수 있겠는가.

부모와 자식이 궁을 다르게 쓰는 것은 조정에서 관직을 받은 초급 관리 이상의 신분[사(士)]에 해당되는데, 벼슬이 높아질수록 궁을 다르게 쓰는 제도[異宮]는 더 엄격했다.

그러므로 사는 궁을 달리 한다는 것은 오늘날 가족 내부의 횡적인 위계에 해당되는 것이지 따로 떨어져 사는 것과는 다르다."

◎ 이천 선생이 상소에서 다음과 같이 말했다. "대체로 종은 성난 상태로 치면 격한 소리를 내고, 슬픈 마음으로 울리면 구슬픈 소리를 내는데 이는 진실을 다한 뜻의 감정이 거기에 들어갔기 때문입니다. 남에게 말하는 것도 이와 같아서 옛사람들은 심신을 단정히 하고 임금에게 아뢰었습니다.

저는 앞뒤로 두 번 진강(進講, 임금 앞에서 글을 논의하고 토론하는 것)할 수 있었는데 하루 전에 미리 몸과 마음을 단정히 한 뒤 생각을 잠잠히 해서 성실함을 보존하고서 임금의 마음에 감동이 있기를 바라지 않은 적이 없습니다. 만일 직무로 분주해 생각이 어지러운 채로 있다가 임금 앞에 나아간 후에 그 말을 좋게 꾸며서 한갓 기분 좋은 말재주만으로 남을 감동시키고자 한다면 역시 가볍지 않겠습니까?"

◎ 이천 선생이 상주문(上奏文, 임금에게 아뢰는 글) 초고를 보여준 사람에게 답한 글에서 다음과 같이 말했다.

"그대의 뜻을 보면 오직 혼란을 두려워하는 것을 위주로 합니다.

나는 그대가 백성을 사랑하는 것을 위주로 삼기를 바랍니다. 백성들이 굶주려 죽어가는 것을 조정에 힘써 말함으로써 조정이 백성들을 불쌍히 여기도록 하고, 거기에 근거해 장차 백성들이 도적이 되어 난을 일으킬 지도 모른다고 우려하는 것은 괜찮습니다. 임금에게 아뢰는 방식이 이와 같아야 할 뿐 아니라 일의 형세 역시 그렇게 하는 것이 마땅합니다.

그대는 지금 조정에서 재물을 구해 사람들을 살리고자 합니다. 그런데 인애(仁愛)의 마음으로 조정에 호소하고자 한다면 마땅히 재물을 가볍게 두고 백성을 무겁게 여겨야 합니다. 이익과 해가 되는 것을 기준으로 위협하면 조정은 재물에 의지해서 스스로를 보호하고자 할 것입니다.

옛날에는 일반 백성들의 마음을 얻으면 천하를 얻었는데, 후세가 되어서는 군사로 백성을 제압하고 재물로 사람을 모으니, 재물을 모은 자는 지킬 수 있고 백성을 보호하는 사람은 현실과 거리가 먼 자가 되고 맙니다. 오직 (임금을) 성의(誠意)로 감동시켜, 백성들의 고통을 그대로 저버리지 못하는 마음을 가질 수 있기를 바라야 할 뿐입니다."

◎ 명도 선생이 말했다. "아주 낮은 하급 관리라도 사람들을 사랑하는 마음을 보존하고 있다면, 반드시 백성들을 구제하는 바가 있을 것

이다."

◎ 이천 선생이 말했다. "군자는 '하늘과 물이 서로 어긋나게 움직이
는' 모습을 보고 사람들 간에 다툼과 소송이 생길 것을 안다. 그러
므로 모든 일을 할 때에는 반드시 그 처음에 신중하게 해야 하니,
일의 시초에 소송의 단서를 끊어버리면 소송할 일이 일어날 리가
없다. 처음에 신중하게 해야 한다는 의미는 그 범위가 넓다. 예컨
대 사귐을 시작할 때에 신중히 하는 것이라든지 계약서를 만들 때
분명하게 해야 하는 일 등이 그런 예다."

✤ 이 항목은 《주역정전(周易程傳)》〈송괘〉 상전의 주에 나온다. 송괘(訟
卦)의 모양이 감하(坎[☵] 下) 건상(乾[☰] 上)으로 물과 하늘이 겹쳐 있는
형상이어서 소송이 일어날 것이라고 본 것이다. 세상일에는 항상 다툼
이 있기 마련인데, 처음부터 신중하게 처리해서 소송의 여지가 없게
하는 것이 가장 바람직하다는 것이 전통적인 유학의 가르침이다.

◎ "사괘(師卦)의 구이효(九二爻)는 사괘의 주인(군대의 장수를 뜻함)이 혼
자 마음대로 처리하면 아랫사람(임금의 신하)으로서의 도리를 잃고,
혼자 결단하지 않으면 성공할 이치가 없으니 그 중간을 얻으면 길
하다.
　일반적으로 장군의 도는 위엄과 온화함이 같이 행해질 때 길
하다."

◎ 이천 선생이 말했다. "사람의 마음은 친애하는 이를 따르는 경우가 많다. 보통 사람의 경우 사랑하면 그의 옳은 면만을 보고, 미워하면 그의 잘못된 면만을 본다. 그래서 처자식의 말은 비록 잘못이 있더라도 대부분 따르고, 미워하는 사람의 말은 비록 선한 것이라도 싫어한다. 난지 친애함만으로 따른다면 이는 사사로운 정이 관여한 것이니 어찌 바른 이치에 합당하겠는가? 그렇기 때문에 수괘(隨卦) 초구(初九)에서 '문을 나가서 사귀면 성과가 생긴다.'고 했다."

5. 리더의 도덕성 확보

◎ 이천 선생이 말했다. "오직 임금에게 고하는 것만 이와 같을 뿐만 이 아니라 가르치는 것도 그러하다. 교육은 반드시 그 사람의 장점이 더욱 성취되도록 해야 하는데, 장점은 마음속에 분명하게 밝혀진 부분이다. 마음속에 분명하게 밝혀진 부분으로부터 들어간 이후에야 그 나머지까지 미루어 갈 수 있다. 맹자가 말한 '덕을 이루도록 하고 재능이 통달하도록 한다.'는 말은 바로 이것을 가리킨다."

✢ 《맹자》〈진심 상〉 제40장에는 군자가 남을 가르치는 다섯 가지 방법이 나온다. 첫째 때에 맞춰 비가 내리듯이 변화시키는 것, 둘째 덕을 이루도록 도와주는 것, 셋째 재능이 통달하도록 하는 것, 넷째 물음에 답하는 법, 다섯째 개인적으로 인격을 잘 닦도록 돕는 것이 그것이다.

임금에게 잘못을 지적하고 고치도록 하려고 할 때도 그렇지만 일반 사람들을 바르게 인도하려고 훈계할 때도 그 사람이 잘 알고 이해하는 부분, 말하자면 그 사람의 장점이나 좋은 점에 비추어 가르쳐야 한다는 의미다. 지나치거나 고지식하게 잘못만을 들추어내면 도리어 역효과가 날 수 있기 때문이다.

◎ 규괘(睽卦)의 상전(象傳)에서 말하기를 "군자는 이것을 본받아 같으면서도 다르다."라고 했다. 이에 대해 이천 선생의 《역전》에서는 이렇게 말했다. "성현이 세상일에 대처할 때 사람의 떳떳한 이치에 대해서는 크게 동의하지 않음이 없고, 세속에서 모두 동의하는 일에 대해서는 때로 혼자 다르다고 할 때가 있다.

크게 동의할 수 없는 자는 떳떳한 도리를 어지럽히고 배반하는 사람이다. 혼자 다르다고 할 수 없는 자는 세속의 잘못된 부분에 따르고 젖어 있는 사람이다. 그러니 중요한 것은 같으면서도 달리할 수 있는 데에 달려 있을 뿐이다."

✢ 공자는 군자의 인격을 설명하면서 "잘 조화하지만 똑같이 되지는 않는다(和而不同)."라고 하고 소인은 그와 반대로 "똑같아지는 반면 조화를 이루지는 못한다(同而不和)."고 했다. 조화란 서로 다른 음이 어울려 아름다운 화성을 이루듯 서로 다른 존재가 잘 어울리는 것을 말한다. 주체성을 지닌 존재들이 서로를 존중하면서 최선의 선택을 하고자 하는 것이 조화로운 모습이다. 반면 자신의 이익에 따라 본모습을 숨기고 남과 똑같아지는 일은 군자가 피해야 할 일로 경계되었다.

이 문장에서는 비록 다른 사람이 모두 반대할지라도 올바른 선택을 할 수 있는 용기가 중요하다는 것을 말했다.

◎ "규괘(睽卦) 구이효(九二爻)의 의미는 다음과 같다.

서로 어긋난 때를 만나 임금의 마음이 신하의 마음과 합치되지 않는다. 현명한 신하는 아랫자리에 있으면서 힘을 다하고 정성을 극진히 해 임금이 신뢰하고 합치되기를 기대할 따름이다.

지극한 정성으로 임금을 감동시키고, 힘을 다해 도우며, 의리를 밝힘으로써 그 앎을 이루어 주고, 가려지거나 미혹됨을 막음으로써 그 뜻을 성실하게 한다. 이와 같이 정성을 다해 간절하게 함으로써 임금과 합치되기를 구한다.

(임금과) 만난다는 것은 도를 굽혀서 맞이한다는 의미가 아니며, 골목길이란 거짓되고 치우친 지름길을 말하는 것이 아니다. 그래서 상전에서 '골목길에서 임금을 만났지만 도를 잃지 않았다.'라고 했던 것이다." (《이천역전》 구이전)

◎ 손괘(損卦)의 구이효(九二爻)에서 "덜지 않고 돕는다."고 했다. 이천 선생의 《역전》에서는 이렇게 말했다. "자신의 강함과 곧음을 잃지 않으면 능히 그 윗사람을 도울 수 있으므로 이에 돕는다고 말했다. 만일 자신의 강하고 곧음을 잃고 부드럽고 기쁘게 하는 방법을 사용한다면 손해를 끼치기에 충분할 것이다.

세상의 어리석은 자들 중에 비록 나쁜 마음이 없고 오직 힘을 다해 윗사람을 따르는 것만을 충(忠)으로 알고 있는 사람이 있는데, 그들은 '덜지 않고 돕는다.'는 뜻을 알지 못하는 것이다."

◎ 이천 선생이 말했다. "개혁하여 큰 도움이 안 된다면 오히려 후회할 수 있다. 하물며 도리어 해가 되는 경우에는 어떠하겠는가! 그래서 옛사람들은 고쳐서 세우는 일을 신중히 했던 것이다."

✝ 때로는 윗사람이 듣기 싫은 말이라도 대의를 위해 간언하는 것이 신하된 사람의 본분이라 여기는 것이 유학의 입장이다. 임금을 잘 섬기는 신하란 임금의 구미에 맞는 듣기 좋은 말만 하는 사람이 아니고 그가 좋은 정치를 할 수 있도록 따끔한 충고도 서슴대지 않는 사람인 것이다.

◎ 점괘(漸卦)의 구삼효(九三爻)에서는 "도적을 막는데 이롭다."고 했다. 이천 선생의 《역전》에서는 이렇게 설명했다. "군자가 소인과 가까이 할 때에는 올바름으로써 자신을 지키니 이것이 어찌 군자 자신만 완전히 하는 것에서 그칠 것인가? 소인들 역시 옳지 않은 데에 빠지지 않도록 할 수 있다. 이로써 도를 따라 서로를 보전하고 그 악을 막아서 저지하는 것이다."

◎ 이천 선생이 말했다. "일에는 때로 지나친 것이 마땅함을 따르는 것이 되는 경우가 있다. 그러나 그렇다고 어찌 심하게 지나친 행동을 할 수 있겠는가? 지나치게 공손함, 지나치게 슬퍼함, 지나치게 검소함 같은 것은 너무 심하면 안 된다. 약간만 지나친 것이 마땅

함에 따르는 것이다. 마땅함에 따를 수 있으므로 크게 길하다."

◎ 이천 선생이 말했다. "소인을 방어하는 방법은 자신을 바르게 하는 것이 우선이다."

◎ 장천기(張天祺, 1031~1089, 횡거 선생의 아우)가 사죽감(司竹監, 대나무 숲을 관리하는 관청의 책임자)으로 있을 때 항상 한 졸장(卒長)을 아꼈다. 그런데 어느 날 (장천기는) 그 졸장이 교대하면서 순피(筍皮, 죽순 껍질)를 훔치는 장면을 목격했다. 이윽고 그 죄를 다스리는 데 조금의 용서도 없었다. 그러나 죄를 다 밝힌 다음에는 그를 대하는 것이 다시 처음과 같았으며, 조금도 개의치 않았다. 그의 덕량(德量, 어질고 너그러운 마음씨나 생각)이 이와 같았다.

◎ 명도 선생이 입은 말을 하려 하지만 머뭇거린다는 글귀에 대해 논하면서 말했다. "만일 입을 여는 것이 합당한 때라면 그 목숨을 내놓을지라도 반드시 말을 해야 한다. 반드시 '그의 말을 들으면 엄정해진다.'와 같아야 한다."
✚《논어》〈자장〉제9장에 "자하가 말하기를 군자는 세 가지 모습을 가진다. 멀리서 바라보면 우뚝하게 의젓하고, 가까이 다가가 보면 따뜻하며, 그 말을 들으면 엄정해진다(子夏曰 君子有三變 望之儼然 卽之也溫 聽

其言也属)."는 말이 나온다. 군자는 말보다 행동을 중시하는 사람이라지만 여기서 말하는 말이란 곧 행동을 가리킨다. 반드시 의견을 밝혀야 할 때에 적절한 말을 하는 것은 곧 행동하는 것이다.

◎ 어떤 문하생이 물었다. "제가 다른 사람과 같이 있을 때 상대의 잘못을 보고 말해 주지 않으면 마음이 편치 않습니다. 그런데 말을 해 주었는데 받아들여지지 않으면 어떻게 해야 합니까?" 이천 선생이 대답했다. "그와 함께 지내면서 상대의 잘못을 말해 주지 않는 것은 진실한 마음이 아닙니다. 중요한 것은 말을 하기 전에 정성스러운 뜻으로 서로 사귐이 전제된 이후에 말을 한다면 그 사람이 신뢰할 것입니다."

또 말하기를 "선을 권하는 방법은, 정성스러움은 남음이 있도록 충분히 펼치고 말은 부족한 듯이 한다면 상대에게 도움이 되고 자신을 수치스럽게 하지 않을 것입니다."라고 했다.

6. 진정성이 있는 정치

◎ 명도 선생이 말했다. "작은 일을 열심히 잘 해내는 것이 가장 어려운 일이다."

◎ 명도 선생이 말했다. "큰 임무를 맡고 싶다면 반드시 독실(篤實, 믿음이 두텁고 성실함)해야 한다."

◎ 명도 선생이 말했다. "다른 사람과 말을 할 때 이성이 잘 작용하면 이치가 분명해지고, 기분에 따라 성질을 내게 되면 상대를 화나게 한다."

◎ 명도 선생이 말했다. "오늘날의 감사(監司, 지방 감독관)는 대부분 주현의 관리들과 함께 하지 못한다. 감사는 오로지 사찰하려고만 하고 주현의 관리들은 은폐하려고만 한다. 이것보다는 서로 정성스런 마음을 미루어서 함께 다스리는 편이 낫다. 제대로 하지 못하는 경우가 생길 때, 가르칠 만한 사람이면 가르쳐서 고치도록 하고, 바로잡아야 할 자는 바로잡도록 하는데 이렇게 선도하는 것을 제대로 따르지 못하는 사람 중에 정도가 심한 한두 사람을 골라 파면함으로써 많은 이들을 경계할 수 있으면 된다."

◎ 어떤 사람이 물었다. "사람이 논의할 때 자기가 옳다고 하고 다른 사람을 포용할 분위기가 없는 경우가 많습니다. 이는 기질이 공정하지 못해서입니까?" 이천 선생이 대답했다. "본래 기질도 공정하지 못한데다가 또 도량도 좁은 것입니다. 사람의 도량은 앎이 성장할수록 늘어나기 마련이지만 어떤 사람은 지식이 높은데 도량은 늘어나지 않은 경우가 있습니다. 그런 사람의 지식은 단순히 머리로만 아는 것이지 실제로는 앎을 이루지 못한 것입니다."

◎ 이천 선생이 말했다. "배우는 사람은 세상의 일을 잘 알아야만 한다. 천하의 일을 비유하자면 한 집안의 일과 같아서, 내가 하지 않으면 저 사람이 해야 하고 갑이 하지 않으면 을이 해야 한다."
✤ 유학에서 공부의 목적은 수기치인하여 군자, 성인이 되려는 것이다. 수기치인이란 자신을 닦고 타인을 잘 다스리는 일이다. 타인을 잘 다스리는 일은 사회관계에서 이루어진다. 따라서 현실에서 벌어지는 많은 일들을 이해하고 그것에 바탕을 두어야 사회적 실천을 잘 해낼 수 있다는 생각이 들어 있는 문장이다.

◎ 이천 선생이 말했다. "사람에게 멀리까지 생각하는 안목이 없으면 반드시 가까운 데에 근심이 있다(人無遠慮 必有近憂)."《논어》〈위령공〉제11장) 그러므로 사려(思慮, 여러 가지 일에 대해 깊게 생각함)는 일의 밖에

까지 미쳐야 한다."

◎ 이천 선생이 말했다. "성인이 다른 사람을 책망하는 것은 언제나 너그럽다. 이로부터 일이 바르게 되기를 바랄 뿐 그 사람의 과오를 드러내는 데에는 뜻이 없다는 사실을 알 수 있다."

◎ 명도 선생이 현의 지사가 되었을 때, 자신이 앉는 자리마다 모두 '시민여상(視民如傷, 백성을 다친 사람 보듯이 한다)' 네 글자를 써 놓고, "나는 언제나 이 네 글자에 부끄럽다."고 말했다 한다.
  ✤ 시민여상(視民如傷)은 《맹자》〈이루 하〉 제20장에 나오는 말로 주나라 문왕의 인정(仁政)을 상징하는 표현이다. 상처 입은 사람은 각별히 주의해서 돌봐 주어야 하는 사람이다. 백성을 그렇게 본다는 것은 백성에 대해 특별히 걱정하는 마음을 지닌다는 뜻이다. 그런데 이것이 말처럼 쉬운 일이 아니다. 윗자리에 있는 사람이 군림하지 않고 봉사하는 정신을 갖는 일이니 말이다. 좋은 정치가가 되기 위해서는 백성을 위한 정치에 뜻을 두어야 한다는 의미다.

◎ 이천 선생은 사람들이 선배들의 단점을 논하는 것을 볼 때면 언제나 "여러분은 우선 그들의 장점을 보도록 하시오."라고 말했다.

◎ 유안례[劉安禮, 안례는 호로 본명은 립지, 명도·이천(정호·정이) 선생의
  문인]가 백성을 대하는 마음가짐에 대해 물었을 때 명도 선생은 "백
  성들이 모두 자신의 사정을 다 들어낼 수 있도록 해야 한다."라고
  대답했다. 벼슬아치들을 다스리는 방법을 묻자, "자신을 바르게 함
  으로써 아랫사람들을 바르게 하라."고 했다.

◎ 횡거 선생이 말했다. "일반적으로 사람은 윗사람 노릇하기는 쉬워
  도 아랫사람 노릇하기는 어렵다. 그러나 스스로 아랫사람이 될 수
  없다면 아랫사람을 부릴 수도 없으니 상대의 거짓과 진실을 알 수
  없기 때문이다. 대개 사람을 부리는 일은 이전에 자신이 그런 경험
  을 했을 경우에 능히 잘 부릴 수 있다."
  ✤ 윗자리에 있는 사람이 그 자리에 걸 맞는 역할을 제대로 하기 위해
  서는 자신을 보좌하는 사람들이 하는 일에 대한 실제 경험이나 이해가
  필요하다는 것이다. 책상에 앉아 머리로 관리하는 것이 아니라, 직접
  발로 다니며 경험하고 이해한 바탕 위에서 비로소 설득력 있는 관리를
  할 수 있다는 말이다.

◎ 횡거 선생이 말했다. "감괘(坎卦)는 마음이 형통(亨通, 모든 일이 뜻과
  같이 잘되어 감)할 수 있으므로 행하면 아름답고 좋은 일이 생긴다고
  했다. 밖에는 비록 어려움이 쌓여 있다 해도 마음이 형통해서 의심

하지 않는 태도로 처신한다면 어렵지만 끝내 일을 처리하고 나아
가서 공이 생길 것이다."

◎ 횡거 선생이 말했다. "사람이 자신의 신념대로 행동하지 못하는
이유는 어려운 것에 대해서는 게을러지고, 익숙하지 않은 것에
대해서는 비록 쉬운 것이라도 움츠려들기 때문이다. 오직 마음만
넓게 갖는다면 사람들의 비웃음을 돌아보지 않고 의리에 따라 나
아가게 되니, 온 천하를 둘러보아도 그 도리를 굽힐 수 있는 것은
없다.

  그렇게 하면 자신이 현재의 습속과 다른 일을 행하더라도 다른
사람들이 반드시 이상하게 여기지는 않을 것인데, 자신의 내면에
서 의리가 이기지 못하기 때문에 실행하지 못하는 것이다. 게을러
지는 것과 위축되는 병이 사라지면 의리가 성장할 것이고 사라지
지 않으면 병통이 항상 존재할 것이다. 그렇게 되면 생각이 좀스럽
고 경박해져서 일을 제대로 해 나갈 근거가 사라진다.

  옛날 기개와 절의가 있는 선비는 죽음을 무릅쓰고 일을 도모했
는데 그것이 반드시 의리에 적중한 것은 아니었다. 그러나 뜻에 기
개가 있는 사람이 아니라면 할 수 없는 일이다. 하물며 자신에게
의리상 매우 분명한 일이라면 어떻게 하지 않을 수 있겠는가."

✤ 신념에 따르는 실천과 새로운 일에 대한 도전은 발전을 위해 꼭 필

요한 덕목이나 현실적으로 쉽지 않다는 것을 말했다. 의미 있는 일은 쉽게 이루어지지 않는다는 법이다.

◎ 횡거 선생이 말했다. "사람이 어린 아이를 가르치면 스스로에게도 도움이 된다. 자신을 한 자리에 묶어 놓아서 밖으로 벗어나지 않도록 하는 것이 첫째 이익이다. 남에게 자주 가르치면서 자신도 그 글의 뜻을 더 잘 이해할 수 있는 것이 두 번째 이익이다.

　학생들을 대할 때 반드시 의관을 바로 하고 눈길을 존엄하게 하는 것이 세 번째 이익이다. 언제나 자기 때문에 학생들의 재능이 훼손될까 걱정해서 감히 게으른 행동을 하지 못하는 것이 네 번째 이익이다."

제3장
교육의 근간

1. 중용의 인재상

◎ 염계 선생이 말했다. "굳센 선은 의(義), 정직[直], 과단성[斷], 엄하고 꿋꿋함[嚴毅], 견고함[幹固]이고, 굳센 악은 사나움[猛], 편협함[隘], 억지[强梁]이다. 부드러운 선은 자애[慈], 온순[順], 공손[巽]이고, 부드러운 악은 나약(懦弱), 결단성 없음[無斷], 거짓되고 교활함[邪佞]이다.

중(中)이라는 것은 조화며 절도에 맞는 것으로 천하의 보편적 도이고 성인의 일이다.

그러므로 성인이 교육의 입각점으로 삼는 것은 사람들로 하여금 자신의 악을 바꾸어 중에 도달하도록 하는 것이다."

◎ 이천 선생이 말했다. "옛 사람들은 자식을 낳아 혼자 먹고 말할 수 있게 되면 가르치기 시작했다.

《대학》의 법은 미리 예방하는 것을 법으로 삼았다. 사람이 어렸을 때는 지각과 사려가 아직 주관을 가질 정도가 못되니 바른 말과 옳은 논의를 날마다 그 앞에 펼쳐 주는 것이 마땅하다. 비록 분명히 알지 못하더라도 익숙해지도록 자주 이야기 해 주어 귀와 몸 안에 가득 차도록 해야 한다. 그것이 오래되면 저절로 편안히 익혀져서 마치 본래부터 지녔던 것처럼 된다. 그렇게 되면 비록 다른 말로 유혹하더라도 거기에 빠지지 않을 수 있다.

만일 미리 예방하지 않으면 점차 성장하면서 사사로운 뜻과 치우친 기호가 안에서 생겨나고 갖가지 변론하는 말들이 바깥에서 작용을 해서 순수하고 완전해지려고 노력하더라도 그렇게 될 수 없다."

◎ 〈관괘(觀卦)〉의 상구효(上九爻)에서 말하기를 "자신의 삶을 관찰해서 군자답다면 허물이 없다."라고 했고, 상전(象傳)에서는 "자신의 삶을 관찰한다는 것은 뜻이 아직 평안하지 않은 것이다."라고 했다. 이천 선생의《역전》에서는 이렇게 말했다. "군자가 비록 지위를 갖지 못했지만 사람들은 그의 덕을 보고 자신의 본보기로 삼기 때문에 당연히 스스로 삼가고 살펴야 한다. 자신의 삶을 관찰해서 항상 군자다움을 잃지 않는다면 사람들은 기대하는 바를 잃지 않고 교화될 것이다. 지위를 갖지 못했다고 해서 안일하게 제멋대로 하면서 노력하려 들지 않아서는 안 된다."

◎ 명도 선생이 말했다. "호안정(胡安定, 993~1059, 중국 송나라 학자)이 호주(湖洲)에 있을 때 치도재(治道齋)를 설치해 학생들 중 통치의 도리를 이해하고자 하는 사람이 있으면 그곳에서 공부하도록 했다. 거기서는 백성 다스리는 법·병사 다스리는 법·수리(水利, 농사를 위해 물을 잘 이용하는 법)·산수 등의 과목을 가르쳤다. 일찍이 유이(劉彝, 1017~1086, 중국 송나라 시대 복건성 사람)라는 사람이 수리를 잘 했다고 말했는데, 그는 훗날 여러 번 정사에 참여해 수리를 일으키는 데 공이 있었다."

✢ 여기서 나오는 호안정은 이름이 원(瑗)으로 호주(湖洲) 지역의 주학(洲學) 교수를 역임한 인물이다. 그는 실용적 공부를 중시하는 '치사재'와 경서 공부를 중시하는 '경의재(經義齋)'라는 학문 기관을 설치해 많은 인재를 기르는 데 기여했다. 그가 태학의 교수로 있을 때 안연에 관한 정이천의 답변을 듣고 이천을 바로 선생으로 발탁했다고 한다.

◎ 명도 선생이 말했다. "논리를 세울 때는 뜻을 함축성 있게 해서 덕을 아는 자들은 싫증을 내지 않고 덕이 없는 자들은 의혹을 품지 않도록 해야 한다."

◎ 명도 선생이 말했다. "사람을 가르칠 때 배우는 사람이 그 의미를

알지 못하면 반드시 배우기를 즐기지 않게 될 것이다. 그래서 먼저 노래하고 춤추는 것을 가르치고자 한다. 《시경》에 나오는 시 300여 편은 모두 옛 사람이 지은 것이지만 그와 같은 것이었다. 그 중 〈관저〉 같은 시는 집안을 바르게 하는 출발점이 되므로 마을 사람들에게 들려주고, 나라 사람들에게 들려주어 날마다 사람들이 듣도록 하면 좋을 것이다. 그러나 이 시들은 표현이 간결하면서도 깊어서 지금 사람들이 쉽게 이해하지 못한다. 그래서 따로 시를 지어 물 뿌리고 청소하며 물음에 대답하고 어른을 섬기는 예절을 간략하게 설명함으로써 어린이들을 가르치고자 한다. 그것을 아침저녁으로 노래하듯 외우도록 한다면 도움이 되는 점이 있을 것이다."

◎ 명도 선생이 말했다. "자후(子厚, 횡거 선생)가 예로써 학생들을 가르친 것은 최선의 방법이었다. 학생들로 하여금 먼저 예에 근거해서 지킬 바를 갖도록 한 것이다."

2. 군자의 도―실제적·구체적 교육으로부터

◎ 명도 선생이 말했다. "학생들에게 자신이 미처 이해하지 못한 도리를 말한다면 학생들은 들은 것을 깊이 이해하지 못할 뿐 아니라 오히려 도리를 얕보게 될 것이다."

◎ 명도 선생이 말했다. "춤추고 활 쏘는 것[무사(舞射)]에서 곧 그 사람의 성실함을 볼 수 있다. 옛날에 사람을 교육할 때 모두 이를 통해 스스로를 이루도록 했다.

　물 뿌려서 청소하고 윗사람의 물음에 대답하는 것에서부터 모두 성인이 될 수 있는 공부가 아닌 것이 없다."

　✤ 무사(舞射)는 춤과 활쏘기인데, 춤과 활쏘기는 예전 사대부들의 필수 교양이었다. 춤은 조화를 이끄는 것이고, 활쏘기는 뜻을 바르게 하는 것이니 둘 다 성실한 마음으로 임해야 하는 것이다.

◎ 명도 선생이 말했다. " '먼저 할 것이라 해서 전해 주고 뒤에 할 것이라고 게을리 할 수 없다.'라고 했던 것은 군자가 가르치는 데에는 순서가 있다는 말이다. 먼저 작고 비근한 것을 전한 후에 크고 중요한 것을 가르친다는 말은, 먼저 비근한 것을 가르친다는 것일 뿐 그 다음에 원대한 것을 가르치지 않는다는 말은 아니다."

✤ 《논어》〈자장〉 제12장에 "군자의 도에 어느 것을 먼저 해야 할 것이라 해서 전해 주고, 어느 것을 나중에 해야 할 것이라고 게을리 하겠는가(君子之道 孰先傳焉 孰後倦焉)?"라는 말이 나온다. 이 말은 같은 공자의 제자였던 자유가 자장이 제자들에게 물 뿌리고 응대하는 작은 일만 가르친다고 비판하자, 이에 대응한 말이다. 말하자면 작은 일부터 차근차근 가르치는 것이 중요하다는 의미다.

◎ 이천 선생이 말했다. "예전에는 8세가 되면 소학에 들어가고, 15세에 대학에 입학했다. 가르칠 만한 재능이 있는 자를 뽑아 학교에 모았고, 그렇지 못한 사람은 농지로 돌려보내 농사짓게 했다. 선비의 일과 농사는 바꿀 수 있는 일이 아니다. 일단 입학하면 농사를 짓지 않다가 이후에 선비일과 농사일에 적당한 사람들로 나누었다.

재학 중의 생활은, 사대부의 자제인 경우에는 걱정할 필요가 없었다. 비록 서인의 자제라도 학교에 입학을 했다면 반드시 부양해 주었다. 옛날의 선비는 15세에 입학한 다음 40세에 비로소 벼슬하기까지 그 사이 25년 정도 공부를 했다. 또 이익이 될 만한 것을 따를 일이 없었으니 그 뜻을 둔 바를 알 수 있다. 반드시 선을 좇아서 이로부터 덕을 이루었다.

그런데 후세의 사람들은 어렸을 때부터 이미 이익을 추구하는 뜻에 급급하니 어떻게 선으로 향할 수가 있겠는가? 그러므로 옛 사람들은 반드시 40세에 벼슬을 하도록 했는데 그런 뒤에 뜻이 안정될 수 있었기 때문이다. 먹고 사는 것을 영위하기 위한 것은 나쁠 것이 없지만 오직 이익과 봉록만을 추구하는 것은 가장 사람을 해치는 길이다."

3. 개성을 존중하는 교육

◎ 이천 선생이 말했다. "공자는 사람을 가르칠 때 분발하지 않으면 열어주지 않고, 애쓰지 않으면 도와주지 않았다. 분발하고 애쓰지 않는데도 계발시켜 준다면 그 앎이 견고하지 못하다. 분발하고 애태운 다음에 계발해 준다면 상당한 경지까지 성취하게 된다. 배우는 자는 반드시 깊게 생각해야 한다. 생각해도 이해하지 못할 때 그를 위해 설명해 주는 것이 매우 좋은 방법이다.

그러나 학문에 처음 입문한 자에게는 반드시 설명을 해 주어야 한다. 그렇지 않으면 단지 그가 이해하지 못할 뿐 아니라 묻기를 좋아하는 마음까지 멈추게 될 것이다."

✤《논어》〈술이〉 제8장에 "공자가 말하기를 분발하지 않으면 열어 주지 않고 애쓰지 않으면 도와주지 않는다. 한 모퉁이를 들어 주었는데 다른 세 모퉁이를 돌아보지 못하면 더 이상 알려 주지 않는다(子曰 不憤不啓 不悱不發 擧一隅 不以三隅反 則不復也)."라는 말이 나온다.

배우려는 기본자세를 갖추었을 때 가르치는 것이 효과적이라는 말이다. 몸만 교실에 있을 뿐 생각은 딴 데 가 있는데 책을 외우게 하고 의미를 깨우쳐 준들 무슨 효과가 있겠는가.

또 학습 초기에는 자세하게 일러주는 것이 좋은 방법이지만 어느 정도 학습 진도가 나아간 뒤에는 스스로 공부하고 고민하는 사람에 한

해서 그 다음 단계를 알려 주는 것이 좋다는 이야기다. 이러한 학습 방법은 오늘날에도 효과적으로 적용할 수 있는 방식이라 하겠다.

◎ 횡거 선생이 말했다. "공경하고 자기를 낮추어 절제하며 물러나 사양함으로써 예를 밝히는 것은 인의 지극함이요, 사랑하는 도의 극치다.

　스스로가 (예를) 밝히기 위해 노력하지 않는다면 다른 사람이 따라 오지 않을 것이고, 도를 넓힐 수도 없으며, 가르침도 이루어질 수 없다."

◎ 횡거 선생이 말했다. "《예기》〈학기〉에서 '(공부의 진도를) 나아가게 하면서 그가 편안한 것인지를 살펴보지 않는다면 배우는 사람이 자신의 성실함에 근거하지 못해 가르쳐도 그 재주를 완전히 발휘할 수 없게 된다.'라고 했다. 사람이 아직 편안하지 못한 상태인데 또 진도를 나아가게 하고, 아직 깨우치지 못했는데 또 일러주는 것은 다만 새로운 절목(節目, 항목)만 만들게 한다. 재주를 완전히 발휘하도록 하지 못하고, 배운 것에 편안해 하는지를 돌아보지 않고, 성실함에 근거하지 못하도록 하는 것은 모두 헛된 것을 시행하는 것이다.

　사람을 가르치는 것은 매우 어려운 일이다. 반드시 그 사람의 재주를 완전히 발휘할 수 있도록 해 주어야 사람이 잘못되지 않는다. 학생이 도달할 수 있는 정도를 보고난 뒤 적절하게 알려 주어야 한다. 성인의 현명함은 '포정이 소를 잡는 일'과 같다. 포정은 소의 **뼈**와 살의 틈새를 알아서 칼날을 그 틈새로 밀어 넣었으나 소 전체를 바라보지 않았다.

　시람의 재능은 어떤 일을 하기에도 부족함이 없다. 그러나 성실함에 근거하지 않아서 그 재주를 다하지 못한다. 만일 억지로 시키니까 하는 일이라면 어떻게 자신의 성실함을 근거로 삼으려 들겠는가!"

✚ '포정이 소를 잡는 일[포정해우(庖丁解牛)]'의 고사는 《장자》〈양생주〉에 나온다. 포정은 소를 잡는 백정인데, 소 잡는 일에서는 이미 도의 경지에 이른 사람이었다. 소의 **뼈**와 살이 나뉘는 미세한 공간을 향해 칼을 밀어 넣는 방식으로 소를 잡았기 때문에 그의 칼에는 피가 묻을 일이 없었고, 칼날이 무뎌질 이유도 없었다. 누구보다 정갈하게 소를 잡았음은 너무도 당연한 일이다. 이 이야기는 자연적인 순리에 따라 완벽하게 일을 처리하는 경우를 상징할 때 인용된다.

　여기서 횡거 선생은 성인의 교육 방식을 완벽한 것으로 보아서 '포정해우'에 비유했다. 이 글의 핵심은 성인이 완벽하게 가르쳤듯이 후세의 가르치는 사람도 배우는 사람의 재주나 재능, 배우는 진도와 이해하는 정도에 맞춰 적절하게 가르쳐야 한다는 것이다. 그 중에서 가장 중요한 점은 우선 공부를 하는 사람이 자신의 문제의식에 근거하여 공부의 동기를 찾을 수 있도록 해야 한다는 말이다.

◎ 횡거 선생이 말했다. "옛날의 아이들은 (어른 대하는) 일을 공경스럽게 할 수 있었다. 어른이 손으로 이끌어 주면 두 손으로 어른의 손을 받들었고, 질문하면 입을 가리고 대답했다.

　　조금이라도 공경스럽게 처신하지 않는다면 곧 충신(忠信, 성실함과 믿음직스러움)하지 못한 것이다. 그러므로 어린이를 가르칠 때에는 성격이 안온(安穩, 조용하고 편안함)하고 자세하며 공경하는 것을 우선으로 해야 한다."

◎ 염계 선생이 말했다. "중유[仲由, 기원전 542~기원전 480, 공자의 제자로 자는 자로(子路)이며 노나라 사람]는 자신의 잘못에 대해 듣는 것을 기쁘게 생각했기에 좋은 평가가 끊이지 않고 전해졌다. 요즘 사람들은 허물이 있을 때 다른 사람이 바로잡아 주는 것을 좋아하지 않는다. 이는 마치 병을 보호하고 의사를 피하는 것과 같은 상황으로 자기 몸을 망치면서도 깨닫지 못하니 아! 애석하도다."

4. 예비와 절제 권장

◎ 이천 선생이 말했다. "덕과 선이 날마다 쌓이면 복록(福祿)이 나날이 다가온다. 덕이 복록보다 많으면 비록 성대해도 넘치지 않는다. 예로부터 융성했던 사람들 중 도를 잃지 않았는데도 지위와 재산을 잃고 망한 사람은 없었다."

◎ 이천 선생이 말했다. "임금이 위태로움과 망함을 초래하는 길은 한 가지가 아니지만 즐기는 일 때문인 경우가 많다."

◎ 이천 선생이 말했다. "성인이 경계하는 것은 막 왕성해질 때다. 바야흐로 왕성해지는데 경계할 줄 모르기 때문에 편하고 부유함에 익숙해지면 교만과 사치가 생기고, 느긋하고 거리낌 없는 것을 즐기게 되면 기강이 무너지며, 재난과 혼란을 잊으면 허물과 재앙이 싹튼다. 이 때문에 점점 더 방탕하게 되어 혼란이 이미 다다른 것도 알지 못하게 된다."

◎ 이천 선생이 말했다. "서로 시기하고 미워하는 것이 극한에 이르면 서로 어기고 어그러져서 합치되기 어렵다. 굳셈[강(剛)]이 극한에 이르면 조급하고 난폭해져서 세심하지 못하고, 밝음이 극한에 이르

면 지나치게 살펴서 의심이 많아진다. 규괘(睽卦)의 상구(上九)는 육
삼효(六三爻)와 바르게 대응해 실제로 고립되지 않는 것이지만, 그
근본과 천성이 이와 같으니 스스로 반목하고 고립된다.

이는 마치 비록 친한 무리가 있는 사람이지만, 스스로 의심과 시
기가 많아서 허망하게 괴리되는 상황을 만들어 비록 가족과 친한
무리들 속에 있으면서도 항상 고독한 것과 같다."

◎ 〈익괘(益卦)〉의 상구효(上九爻)에서 "도와주는 사람은 없고, 누군가
공격할 것이다."라고 했는데, 이천 선생의 《역전》에서 이렇게 말
했다. "리(理)는 천하의 지극한 공정함이고, 이익은 뭇 사람들이 모
두 바라는 것이다. 자신의 마음을 공정하게 해서 바른 이치를 잃어
버리지 않는다면, 다른 사람들과 더불어 이익을 나누고자 하니 다
른 이를 침해하지 않을 것이고 다른 이들 역시 그와 함께 하고자
할 것이다. 그런데 만약 이익을 좋아하는 것이 너무 절실한데다 사
사로운 욕심에 빠져 자신을 이롭게 하고자 해서 다른 사람에게 손
해를 끼친다면, 다른 사람 역시 그와 힘껏 다툴 것이다. 그러므로
도움을 주고자 하는 이는 없고 공격해서 빼앗으려는 사람이 생기
게 되는 것이다."

◎ 이천 선생이 말했다. "순임금과 같은 성인도 '교묘하게 말을 하

고 얼굴 표정을 잘 꾸미는 사람[교언영색(巧言令色)]'을 두려워했다. 즐거움이 사람을 유혹해 빠져들기 쉬우니 두려워할 만함이 이와 같다."

✤ 공자는 《논어》〈학이〉 제3장에서 "교묘하게 말을 하고 얼굴 표정을 잘 꾸미는 사람 중에는 인(仁)한 사람이 드물다(巧言令色 鮮矣仁)."라고 했나. 그런데 아무리 성인이라도 자신을 칭찬하고 좋다고 말하는 데에는 마음이 약해질 수 있다. 하물며 보통 사람들이라면 어떻겠는가. 몸에 좋은 약이 입에는 쓰다는 말처럼 듣기에 좋은 말이 모두 정말 내게 도움이 되는 말은 아닐 것이다.

◎ 이천 선생이 말했다. "사람이 욕심이 있으면 굳세지 못하다. 굳세면 욕심에 굴복하지 않는다."

◎ 이천 선생이 말했다. "사람의 잘못은 그 사람의 부류에 따라 다르다. 군자는 항상 두텁게 하는 잘못을 하고, 소인은 박하게 하는 잘못을 한다. 군자는 사랑이 과하고 소인은 잔인함이 지나치다."

◎ 명도 선생이 말했다. "부귀함으로 다른 이에게 교만한 것도 물론 좋지 않지만 학문으로써 다른 사람에게 교만한 것도 그 해가 적지 않다."

◎ 명도 선생이 말했다. "사람이 천리(天理)에 어두운 것은 욕망이 그를 어지럽히기 때문이다. 장자(莊子)는 '욕망이 깊은 사람은 타고난 기질(天機)이 얕다.'라고 했는데 이 말이 아주 옳다."

◎ 이천 선생이 말했다. "의심하는 병이 있는 사람은 일이 생기기도 전에 미리 의심하는 마음이 싹튼다. 일을 사방으로 벌이려는 사람은 먼저 사방으로 벌이려는 마음이 싹튼다. 이 둘은 모두 병이다."

◎ 이천 선생이 말했다. "비록 천하에 관한 공적인 일이라도 만일 사심을 가지고 한다면 곧 사사로운 일이 된다."

◎ 이천 선생이 말했다. "교만이란 기가 가득 찬 것이고, 인색함은 기가 부족한 것이다. 사람이 인색한 경우에는 재물도 부족하다고 느끼고 일도 부족하다고 느낀다. 모든 일에서 부족함을 느낀다면 반드시 모자라는 기색이 얼굴에 보인다."

5. 깨어 있는 정신과 마음

◎ 이천 선생이 말했다. "도를 알지 못하는 사람은 마치 술 취한 사람과 같다. 술이 취했을 때는 못하는 짓이 없다가 술이 깨고 나면 부끄러워하지 않는 사람이 없다. 아직 잘 배우지 못한 사람은 스스로 결점이 없는 사람이라 여기지만, 이미 학문을 알고 난 후에 과거의 행동을 돌이켜 보면 놀라고 또 두려워하게 된다."

◎ 횡거 선생이 말했다. "정(鄭)나라와 위(衛)나라의 음악은 너무 슬프고 애처로워 사람의 마음을 붙들어 맨다. 또 게으른 생각을 낳게 하고 이어서 교만하고 음탕한 마음이 생기도록 한다. 비록 보배나 신기한 물건이라도 사람이 처음 유혹당할 때에는 그렇게 절실한 줄 모른다. 그런데 자꾸만 한없이 좋아하는 마음이 생기기 때문에 공자는 반드시 내쳐야 한다고 말했다. 이는 성인도 이런 과정을 경험한 것이다. 다만 성인은 그런 사물 때문에 마음이 변하지 않았을 뿐이다."

✣《논어》〈위령공〉제10장에서 "정나라 음악을 내치고 아첨하는 사람을 멀리해야 한다. 정나라 음악은 음란하고 아첨하는 사람은 위태롭다(放鄭聲 遠佞人 鄭聲淫 佞人殆)."는 말이 나온다. 공자가 정나라 음악이 음란하다고 한 이유는 정나라 음악은 주로 남녀 간의 애정과 이별에 대

해 노래한 것이 많았는데 그것들이 대부분 과도한 감정을 드러낸 것이 었기 때문이다. 감정은 자연스러운 것이지만 그것이 과도하게 나오면 반드시 문제가 발생하게 된다. 기쁘고 화내고 슬프고 즐거운 감정들이 지나쳤을 때 생길 수 있는 문제들을 상상해 보면 그 의미를 알 수 있을 것이다. 감정 자체가 나쁜 것이 아니라 그것을 조절하지 못하는 상황에 대한 경계를 말하고 있다.

◎ 명도 선생이 말했다. "요임금과 순임금 사이에는 우열이 없지만 탕왕과 무왕에 이르면 구별이 된다. 맹자는 천성으로 성인이 된 경우와 노력해서 성인이 된 경우라고 말했는데, 예로부터 이렇게 설명해 준 사람이 없었다. 맹자가 분별을 해 준 이후로 요·순은 '날 때부터 아는 사람[생이지지(生而知之)]'이고 탕·무는 '배워서 할 수 있었던 사람[학이능지(學而能之)]'임을 알 수 있게 되었다. 문왕의 덕은 요·순과 비슷하고, 우임금의 덕은 탕·무와 비슷하다. 하지만 요점을 정리하자면 이들은 모두 성인이다."

✤ 요임금과 순임금은 모두 중국 고대 국가인 하·은·주 이전, 말하자면 공동체적 질서가 지켜지던 시절의 제왕이다. 그래서 유학에서는 이들을 이상적인 정치를 베푼 성인으로 높이 평가한다. 요임금은 덕이 있는 사람인 순에게 왕위를 양도하는 선양(禪讓)을 한 것으로도 유명하다.

이에 비해 탕왕과 무왕은 은나라와 주나라의 제왕이다. 탕왕은 하
나라의 주왕을 치고 은나라를 세웠으며 무왕은 은나라의 걸왕을 물리
치고 주나라를 세웠다. 모두 폭군을 물리치고 새 왕조를 연 제왕인데,
비록 제후들과 백성들의 뜻에 따랐다고는 하나 무력을 사용한 것이 요
순과 다른 점이다.

문왕은 무왕의 아버지로 은나라의 제후로 있었으나 덕을 바탕으
로 다스렸기 때문에 그 공덕을 높이 평가한 것이다. 이에 비해 우임
금은 순임금의 선양으로 제위를 물려받았지만 선양하지 않고 하나
라를 세워 자손들이 왕위를 이었기 때문에 그 덕을 한 단계 낮게 보
았다.

◎ 명도 선생이 말했다. "공자는 근원의 기운과 같고, 안자[顔子, 공자
의 수제자로 이름은 안연(顔淵)]는 봄의 생성하는 기운과 같으며, 맹자
에게서는 가을의 잦아드는 기운까지 다 볼 수 있다.

공자는 포용하지 못하는 것이 없었다. 안자는 마치 어리석은 사
람인 듯이 스승의 가르침을 어기지 않는 배움의 자세를 후세에게
보여 주었는데, 그는 자연의 조화로운 기운을 지니고 있어서 말없
이 교화되는 사람이었다. 맹자는 자신의 재주를 드러냈는데 그가
살았던 시대의 분위기가 그래야 했기 때문이다.

공자는 천지와 같고, 안자는 부드러운 바람과 상서로운 구름과

같으며, 맹자는 태산의 높다랗고 험준한 기상을 지녔다. 그들이 한 말을 보면 모두 알 수 있는 것이다.

　공자는 자취가 없고, 안자는 미미한 자취가 있는데 맹자는 그 자취가 드러나 있다.

　공자는 매우 명쾌한 사람이고, 안자는 매우 온화하고 공손한 사람이며, 맹자는 대단한 웅변가였다."

◎ 이천 선생이 말했다. "동중서가 말하기를 '정의를 바르게 하고 이익을 도모하지 말라. 도를 밝히고 공적을 계산하지 말라.'라고 했다. 이것이 동중서가 다른 사람들보다 탁월했던 점이다."

　✛ 동중서(董仲舒, 기원전 170?~기원전 120?)는 중국 전한의 유학자로 무제가 즉위해 널리 인재를 구하자 '현량대책(賢良對策)'을 올려 인정을 받았다. 한나라의 정책이 유교를 중심으로 통일되는 데 결정적인 역할을 했다. 그래서 유학이 후대에 전해지도록 만든 공로를 세웠기 때문에 언급한 것이다.

◎ 이천 선생이 말했다. "학문은 본래 덕성을 닦는 것이다. 덕을 갖춘 후에야 새길 만한 말을 할 수 있다. 그런데 한유는 거꾸로 배웠다. 문장을 공부하는 것으로부터 시작했지만 이르지 못한 부분을 찾아가서 드디어 얻은 바가 있었다."

✛ 한유(韓愈, 768~824)는 본명이 퇴지(退之)로 중국 당나라 때의 유학자이자 문장가였다. 그는 당송 팔대가로 문장에서 이름이 높았지만 스스로 학문을 더욱 연마해서 주자학의 선구자적 역할을 한 인물이 되었다. 그래서 유학의 도통을 이야기하면서 등장시킨 것이다.

6. 이상적 인품

◎ 주렴계의 가슴속은 속된 기운이 없이 담백해 비갠 뒤의 바람과 달처럼 깨끗하고 맑다. 정사에 임해서는 정밀하고 엄격하면서도 너그러웠고 도리를 다하고자 애썼다.

◎ 이천 선생이 명도 선생의 행장에서 말했다. "선생은 타고난 자질이 이미 남과 달랐으며 확충해 기르는 것에도 자신이 터득한 도가 있었다.

　순도 높은 금처럼 순수했고, 따뜻하고 윤택하기는 좋은 옥과 같았다. 관대하면서도 절제가 있었고 조화를 이루면서도 휩쓸리지 않았다. 진실함과 성실함은 쇠와 돌을 뚫을 정도였고 효심과 공경함은 신명을 감동시킬 정도였다.

　그 얼굴빛을 보면, 다른 사람을 대할 때는 봄 햇살의 따뜻함 같았고, 그 말을 들어 보면, 사람의 마음으로 들어가는 것이 때 맞춰 오는 단비가 대지를 윤택하게 하는 것 같았다.

　가슴은 텅 빈 듯이 열려 있어 가로막힌 데 없이 잘 보이는 듯했다. 학식의 깊이를 재어 보면 그 넓기가 끝없는 바다와 같았고, 그 지극한 덕성은 어떤 아름다운 말로도 형용하기 부족하다.

　선생이 처신할 때, 내면에서는 경(敬)을 위주로 하면서 행동은 서

(恕, 나의 마음을 미루어 다른 사람을 헤아림)를 실천했다.

선행을 보면 마치 자신의 일처럼 기뻐했고 자신이 하기 싫은 일은 다른 이에게 미루지 않았다. 넓은 집[인(仁)]에 살면서 큰길[의(義)]을 걸었고 말에는 실질이 있었으며 행동에는 기준이 있었다. (중략)

선생은 사람을 대할 때 시비를 분별하지만 거리를 두지 않았고 감응하면 반드시 통할 수 있었다. 사람을 가르칠 때는 사람들이 따르기 쉽도록 해 주었고 화를 내더라도 사람들이 원망하지 않았다. 똑똑하거나 어리석거나 선하거나 악한 사람들 모두의 마음을 얻었다. 교활하고 위선적인 사람도 정성을 바쳤고 포악하고 거만한 사람도 공손하게 행동했다.

선생의 품격을 전해 들은 사람은 진실로 감복했고 가까이에서 그 덕성을 볼 수 있었던 사람은 심취했다.

비록 소인배라서 바라보고 나아가는 방향이 서로 달라 이해관계를 돌아보고 때로 선생을 배척하기도 했지만, 물러나서 그 일을 돌아보고는 역시 선생이 군자라고 하지 않는 경우가 없었다.

선생이 정치를 할 때에는 죄인을 관대하게 다스리고 번잡한 일을 처리할 때도 여유가 있었다. 법령이 복잡하게 얽혀 있을 때, 다른 사람들과 같이 법의 문구에만 꿰맞추어 책임을 피하고자 하지 않았다. 모든 사람들이 장애가 될까 걱정하는 일을 선생은 여유 있게 처리했고, 많은 이들이 매우 어렵다고 걱정하는 일도 선생은 자연스럽게 해냈다. 비록 갑작스러운 일을 당해도 목소리나 얼굴빛이 변하지 않았다.

지방 감독관들이 다투어 엄격한 조사를 할 때에도 선생을 대하는 태도는 대체로 관대하고 후했다. 일을 시행하려 할 때에는 선생에게 의지하는 부분이 있었다.

선생이 만든 강령과 법도는 사람들이 본받아 행할 수 있는 것이었다. 그 도가 따르기 쉬워서 백성들이 행동으로 화답하고, 사람들에게 강요하지 않아도 자연스럽게 사람들이 응하며, 굳이 믿도록 하지 않아도 사람들이 믿는 데에 이르러서는 다른 사람이 미칠 수 없는 경지였다."

◎ 여대림이 장횡거의 행장에서 말했다. "만년에 병을 이유로 숭문원 교서직을 사직하고 서쪽 횡거 땅으로 돌아와 종일 방안에서 정좌했다. 좌우에 책을 두고서 고개를 숙이고 읽고, 고개를 들어서 읽은 것을 생각했다. 생각해서 얻은 것이 있으면 기록했다. 한밤중에도 일어나 앉아 불을 켜고 글을 썼다. 그는 도에 뜻을 두고 정밀하게 사색하며 잠시도 쉬지 않고 잠시도 잊지 않았다. 배우는 사람이 질문하면, 앎과 예(禮)로 본성을 완성해 기질을 변화시키는 도와 학문은 반드시 성인과 같아진 후에야 그만둘 수 있다는 이야기를 해

주는 때가 많았다. 이러한 이야기를 듣는 사람들은 마음이 움직여 진보했다.

선생은 일찍이 문인들에게 '나는 공부할 때 마음에서 얻은 것이 있으면 그것을 표현하는 말을 찾아본다. 말에서 틀림이 없음을 확인한 다음에 일을 판단한다. 판단한 일에 실수가 없으면 마음이 개운하다. 의리를 정밀하게 해서 신의 경지에 들어가는 일은 미리 준비하는 것으로부터 가능해진다.'라고 하셨다.

선생의 기질은 강하고 꿋꿋하며 덕은 성대하고 외모는 근엄했다. 그러나 남과 함께 있으면 날이 갈수록 친해졌다. 집안을 다스리고 다른 이를 대할 때 자신을 바르게 해서 다른 사람을 감동시키는 것을 핵심으로 삼았다. 남이 믿어주지 않으면 돌이켜 반성해 스스로를 다스리고, 다른 이에게 말하지 않았다. 비록 남들이 이해해 주지 않더라도 편안하게 행동하고 후회하지 않았다. 그렇기 때문에 선생을 알든 알지 못하든 그 인품에 대해 들으면 경외했고 옳은 일이 아니면 감히 아무리 작은 일이라도 선생에게 말씀드리지 못했다."

꿈은 원대하지만 그 시작은 작은 것에서부터

이 책의 처음에서도 말했지만 《근사록》의 근사(近思)라는 단어에는 자신과 가까운 부분에서부터 생각을 해 보고, 그 생각을 발전시켜 보자는 의미가 들어 있다. 보통 아무리 멋지고 훌륭한 이야기라도 그 이야기 안에 자신의 생각이나 의견이 빠져 있다면 그것은 그저 미사여구(美辭麗句)일 뿐 현실적인 의미를 지니기 어렵다. 반면 아무리 작은 문제라도 자신이 주체적으로 생각하고 조직한 일이라면 그 사람에게는 더 없이 절실한 사안이 되는 법이다. 바로 살아 있는 이야기인 셈이다.

《근사록》은 유학 사상의 일반적 제안과 마찬가지로 현실적이며 실천적인 행동을 추구하는 생각을 훈련하도록 도와준다. 너무 당연해서 설명이 필요 없는 이야기일 수도 있지만 현실에서 매일 부딪치는 수많은 문제들에 대해 다시 한 번 생각해 보도록 제안한다.

작고 당연한 일상의 문제들을 하나하나 잘 풀어 갈 수 있는 사람이야말로 세상을 향해 자신의 주장을 한껏 펼칠 수 있는 세계인으로서의 면모를 지닐 수 있다는 것 또한 이 책의 메시지다.

우리가 나로부터 시작해 세상을 향해 나아가는 여정에서 꼭 챙겨야할 문제들에 대한 생생한 의견을 이 책의 독서를 통해 얻을 수 있다면 다행이겠다.

2010년 6월
안은수

《근사록》, 주희가 정리한 실천적 유학의 핵심

1. 주희의 생애와 사상

주희와 주자학

주희는 남송의 사상가로 12세기 이후 동아시아의 사상에 큰 영향을 끼친 인물이다. 그는 기원전 5세기경 공자가 주창했던 유학 사상을 12세기에 어울리는 새로운 형태로 재구성하여 신유학을 완성한 인물이다. 신유학은 주희에 의해 완성되었다고 해서 주자학이라 불리기도 하고, '성즉리'라는 명제를 강조했기 때문에 성리학이라고도 한다.

주자학은 중국 당나라 말 송나라 초의 유학자들이, 대내외로 국가적 위기에 처해 새로운 사상을 필요로 하는 나라의 현실에 대한 대안을 마련하는 과정에서 완성되었다. 그러니까 주희 한 사람의 사상이 아니라 선배와 동시대 사상가들의 사상이 종합되어 있는 셈이다. 주희는 다양한 선배들의 사상을 수용하고 불교나 도가 사상 등의 다른 사상들도 비판적으로 흡수한 다음 새로운 시대에 적합한 새로운 사유 체계를 종합해 냈다. 이렇게 만들어진 신유학은 송나라 이후 국가의 주요 이념이 되어 이전 시대의 불교 사상이 했던 기능을 대신하게 되었다.

주자학에서는 세상을 리(理)와 기(氣)라는 두 개의 범주로 해석했기 때문에 그것을 이기론의 철학이라고도 부른다. 이러한 생각은 공자나 맹자와 같은 사람들이 말했던 사상에서는 볼 수 없는 형이상학적이며 이론적인 형식을 강화한 것이다.

이 주자학은 고려 시대에 우리나라에 수용되었고 조선 시대에는 사회 전반에 영향을 준 사상이 되었다. 조선 시대의 주자학은, 신유학 발생지인 중국이나 다른 아시아 국가에서 볼 수 없는 사회적 힘을 기반으로 해서 사상적 발전을 이뤄내 결국 우리만의 독자적인 유학 사상을 확립했다. 이런 의미에서 주희와 주자학에 대한 이해는 우리의 전통 사상을 이해하는 관건이기도 하다.

호기심으로 충만했던 어린 시절

중국 송나라의 역사는 금나라와의 잦은 전쟁으로 금나라에 국토의 일부를 빼앗기게 되는 것을 계기로 전기와 후기로 나뉜다. 그리고 전기와 후기를 각각 북송과 남송이라 부르는데 이는 수도가 북쪽[개봉]에서 남쪽[임안]으로 옮겨진 것을 상징하는 명칭이다. 북송 9대 황제인 흠종 정강(靖康, 흠종의 연호) 2년(1126~1127)에 금나라의 침입으로 수도 개봉이 함락됨으로써 북송이 멸망하게 되었고, 금나라는 송나라의 휘종, 흠종 두 황제와 황실의 사람들 삼천여 명을 포로로 데려갔는데 이 사건을 '정강의 변'이라 부른다. 1127년 송나라는 수도를 남쪽 임안으로 옮기고 금의 포로가 된 흠종의 아우 강왕이 왕위를 계승해 남송을 세웠다. 이 강왕이 남송의 초대 황제인 고종이다.

주희의 아버지 주송(1097~1134)은 북송에서 남송으로 넘어가는 역사적 혼란기를 살았던 인물이다. 주희는 유년기에 아버지에게 공부를 배웠다. 당시 정계에서는 큰 힘을 가진 금나라와 화해하고 잘 지내야 한다는 화의론이 대세였지만 한편에서는 국가의 원수와 같은 금나라와 화친할 수 없으며 끝까지 싸워야 한다고 주장하는 주전론자들도 있었는데 주송은 주전론을 주장했다. 주송 사후에 주희가 스승으로 삼게 되는, '건안의 세 선생'으로 불리는, 호헌·유자휘·유면지 등은 모두 주송의 절친한 벗들이었고 정치적 견해도 같은 사람들이었다. 주희는 이러한 배경하에 탄생하고 성장했다.

주희는 남송이 성립된 직후인 1130년에 복건성 남건주의 우계현에서 태어났다. 자는 원회·중회였고 그가 즐겨 사용했던 호는 회옹·회암이다. 공자나 맹자처럼 주희도 후세에 주자로 불리는 중국 사상사의 거목이었다. 성 뒤에 '자'를 붙이는 것은 훌륭한 선생님이란 존칭이다.

어린 시절의 주희는 호기심이 왕성한 아이였다. 어느 날 아버지가 하늘을 가리키며 "보거라! 저것이 하늘이란다." 하자 "저 하늘 너머에는 무엇이 있나요?"라고 해서 아버지를 놀라게 했다는 기록이 전한다. 주희 5세 때의 일화다. 이처럼 전체 우주에 대한 호기심은 주희가 평생 동안 지니고 있었던 관심사였다. 당시 사람들은 8세가 되면 소학에 입학했는데 주희 역시 8세에 소학에 입학해서 소학의 교과서인 《효경》이라는 책을 처음으로 읽게 되었다. 《효경》은 부모에게 효를 행하는 것의 중요함을 설명한 책인데, 이 책을 다 읽은 다음에 주희는 '이렇게 하지 않으면 올바른 사람이 될 수 없다.'는 문구를 책을 다 읽은 기념으로 써 놓았다 한다. 또 이 시기의 일화로 주희가 친구들과 함께 모래사장에서 놀고 있었는데 그가 홀로 앉아서 무언가 열심히 그리고 있었고 그것이 《주역》의 팔괘였다는 놀라운 이야기도 전한다.

주희가 11세 되던 해, 아버지 주송은 화의에 반대하다 정계에서 추방당해 건안현에 은거하게 되는데 이로부터 아버지가 사망하기까지 약 3년 동안 주희는 부친의 가르침을 받았다.

부친 사후 주희의 가족은 아버지의 유언대로 숭안현으로 가서 유자우(유자휘의 형)가 마련해 준 집에 기거했고, 이때부터 주희는 '건안의 세 선생'이라 불리는 호헌·유자휘·유면지를 스승으로 삼아 공부하게 되었다. 이 시기는 주희 초기의 학문이 싹트는 시기라고 할 수 있다. 주희는 정규 학교 과정을 거치지 않고 이들 세 선생의 지도를 받고 과거에 임하게 되었다. 이 시기에 특히 16~17세부터 주희는 유학 경전에 대한 독서를 왕성하게 했다. 훗날 이 시절에 대한 회고에서 "지금도 내놓고 말할 정도의 충분한 독서량은 아니지만 그때는 온 힘을 다해 독서를 했다. 사람들이 단숨에 지금 내 독서 수준에 이르는 것은 그리 쉽지 않을 것이다. 노력의 축적이 중요하지 않겠는가? 나는 이미 늙어 죽음이 목전에 있지만 여러분은 부디 학문에 전념해 주기 바란다."라고 할 정도를 청소년기 주희의 독서는 열렬했다.

그는 매일 아침 《중용》과 《대학》을 읽었는데, 《중용》에 나오는 "다른 사람이 한 번 읽어 알면 나는 열 번을 읽는다. 다른 사람이 열 번을 읽어 알면 나는 백 번을 읽는다."는 구절을 보고 특별한 감흥을 얻었다고 고백한 바 있다.

과거 급제와 최초의 벼슬길

주희는 18세 때 과거 시험의 제1관문인 지방의 해시(解試)에 합격해 수도에서 치르는 본 시험[성시(省試)]을 볼 수 있는 자격을 얻었고, 이듬해 19세 때 성시에서 278등(총 합격자 330명)으로 합격했다. 주희와 같은 뛰어난 인물이라면 장원 급제의 이력을 지녔을 만도 하지만 실제 그의 합격 등수는 보통 사람들에게 희망을 주는 결과라 하겠다. 그러나 이 시험 합격자의 연령은 18세에서 64세까지 폭이 넓었지만 평균 연령은 30세를 넘겼다는 사실이나 아버지 없이 남의 집에 기거하며 어머니를 모셔야 했던 넉넉지 못한 환경을 고려하면 이 정도의 성과도 주희였기에 가능한 일이 아니었을까 싶다. 더구나 다른 이들이 과거 시험을 위한 공부에 매진할 때 과거 시험보다 인간이 되는 공부를 중시한 건안의 세 선생님에게 배우면서 특별히 과거 시험 대비를 하지 않았던 주희로서, 해시와 성시에 곧바로 합격했던 것은 그의 능력이 지닌 한 측면을 보여준 것으로 이해된다.

주희는 과거를 위한 공부보다는 올바른 사람이 되기 위한 위기지학(爲己之學)에 힘써야 한다는 것을 누구보다 잘 알고 있었다. 그러나 그는 가난한 집안의 가장으로서 생활의 안정을 구하는 일도 시급한 문제였기에 과거 시험을 볼 수밖에 없었다. 과거에 합격한 다음 정식으로 관직을 얻기 위해서는 또 하나의 관문을 넘어야 했는데 그 시험이 전시(銓試)였다. 그는 22세 때 이 시험에 합격해 좌적공랑(종9품)이라는 지위를 얻고, 복건성 남부에 있는 도시인 동안현의 주부에 임명되었다. 이 시기에 성년이 된 주희의 학문에 큰 영향을 준 스승을 만나게 되는데 그가 이동(李侗, 1093~1163)이다. 주희가 동안현으로 부임하던 길(24세 때)과 직을 마치고 돌아오던 길(28세 때)에 잠시의 만남을 한 뒤 훗날 30세 초반에 몇 번에 걸쳐 수개월씩 이동의 가르침을 받았다. 이동과의 만남을 계기로 주희는 어린 시절의 스승들로부터 받은 불교적 영향을 완전히 떨쳐내고 완전한 유학자로서의 길을 가게 되었다. 이동은 주희가 불교에 관한 질문을 하자 유교 경전을 잘 읽으라는 말로 답변을 대신했다. 당시 주희는 이동으로부터 체인(體認)의 중요성에 대해 배웠다. 본래부터 받은 좋은 본성을 잘 지키고 키워서 그것을 몸으로 실천하도록 하는 공부가 체인 공부였다. 그러니까 체인이란 공부한 내용을 문자나 지적인 수준에서만 이해하는 것이 아니라 자기 몸으로 직접 실천하는 것을 말한다. 이동이 강조한 '고요하게 자신을 가다듬는' 정(靜)의 공부를 주희는 평생 동안 마음에 새기게 된다.

한편 그는 4년여 기간 동안 동안현 주부로 재직할 때에는 원칙을 지키고 불의를 용납하지 않는 자세로 자신의 직무에 성실하게 임했다. 세금 징수를 투명하고 철저히 했고, 관리나 돈을 가진 자산가들이 농민이나 가난한 사람들에게 자행하는 악행을 차단해 약자들의 권익 보호에도 최선을 다했다. 또 교육 행정에 특별한 관심을 갖고 도서관을 정비해 학생들이 손쉽게 서적에 접할 수 있도록 조치했고, 위기지학의 중요성을 학생들과 공유하고자 노력했다. 청렴한 관리로서의 모범을 보인 것은 두말할 필요도 없는 일이었다. 이는 유학에서 중요하게 생각하는 수기치인(修己治人, 자신을 연마하고 그것을 사회적으로 실천함)의 이상을 몸소 보여준 예라 하겠다. 주희가 임기를 마치고 동안현을 떠난 뒤 주민들은 그의 좋은 정치를 생각하고 학생들은 그의 가르침을 잊지 못해 학교에 그의 사당을 세워 정치가이자 학자로 최선을 다한 주희에게 화답했다.

장년기의 왕성한 학문 활동

주희는 24세부터 28세까지 동안현 주부(문서 처리 담당직)의 임기를 마치고 고향으로 돌아온 이후 49세 때 남강군의 지사로 부임하기까지 20여 년이 넘는 기간 동안 대부분 집안에 머물면서 학문에 정열을 쏟았다. 이 기간에 대사상가 주희의 빛나는 업적들이 대부분 이루어졌다고 해도 과언이 아니다.

이 기간 동안에 주희는 주로 사록관(祠錄官, 도교 사원의 관리로 실제 부임하지 않아도 봉급을 받는 관리 우대 제도의 한 종류)으로 지내며 봉급은 적지만 자유롭게 시간을 활용할 수 있는 환경을 택했다.

주희는 34세 되던 해 왕의 부름을 받고 수도 임안에 머물던 때에 그의 평생에서 또 한 사람의 주요 인물인 장식(張栻)을 만나게 된다. 이 새로운 만남이 있었던 때는 공교롭게 스승 이동이 세상을 떠난 해이기도 하다. 이후 장식이 죽기까지 20여 년간 두 사람은 서로 학문적 영향을 주고받는 좋은 벗의 관계를 맺는다. 두 사람이 직접 만난 것은 임안에서의 첫 만남 이후 두 번 정도 더 있을 뿐이었지만 장식이 죽을 때까지 둘은 서신 교환을 통해 각자의 신념과 학문적 입장을 서로 비판하고 격려하는 모습을 보여 주었다.

　주희가 이동에게 배운 공부는 정(靜)에 입각한 체인 공부였는데 장식의 학문적 입장은 동(動)에 입각한 활발한 공부였다. 그는 정의[의(義)]와 이익[이(利)]을 잘 구별해야 한다는 점을 역설했다. 주희는 스승 이동에게서 정(靜)에 입각한 체인 공부를 배웠고, 벗인 장식을 통해 동(動)에 초점을 둔 공부의 중요성을 생각하게 됨으로써 이후 동과 정을 잘 조화시키는 이상적인 공부 방법을 제시하게 되었다. 이로써 40세 이후 주희의 사상은 완숙한 형태를 이루게 되었다. 이제 주희의 사상은 정과 동의 조화라는 안정된 기반하에서 70세로 세상을 떠나기까지 쉼 없이 개별적인 부분에 대한 심화된 연구를 진행함으로써 학자로서의 진면목을 보여 주기에 이른다.

　40세 이후에 주희는 사록관의 신분을 얻어 생활상의 안정을 얻고 향리에 칩거하면서 왕성한 저술 활동을 했다. 40대부터 10여 년 동안 그의 주요 저술들이 집중적으로 발표되었다. 예를 들어 39세 때 《정씨유서(程氏遺書)》의 편집으로 시작해, 《서명해(西銘解)》(41세 이후에도 교정을 계속해 59세에 간행), 《지언의의(知言疑義)》(41세), 《팔조명신 언행록(八朝名臣言行錄)》(43세), 《자치통감 강목(資治通鑑綱目)》(43세), 《이락연원록(伊洛淵源錄)》(44세), 《정씨외서(程氏外書)》(44세), 《고금제가례(古今祭家禮)》(45세), 《대학장구(大學章句)》·《중용장구(中庸章句)》(45세, 이후 계속 개정),

《대학혹문(大學或問)》·《중용혹문(中庸或問)》(45세경), 《근사록(近思錄)》(46세), 《시집전(詩集傳)》(48세 초고, 58세 개정), 《논어집주(論語集注)》·《맹자집주(孟子集注)》(48세, 이후 계속 개정) 등을 발표했으니, 실로 엄청난 창작열을 보여 준 셈이다. 이 외에도 《주역본의(周易本義)》와 《의례경전통해(儀禮經典通解)》의 구상도 이미 이 시기에 이루어진 것으로 보인다. 주희는 70세로 생을 마감하기까지 지치지 않고 학문 연구를 했지만 이 40대의 10년 동안이 가장 왕성한 학문적 성과를 내놓았다는 점에서 주희 학술의 절정기라 할 수 있다. 주희의 사상은 40세 이후 정론이 수립된 것으로 알려져 있다. 주희는 위와 같은 왕성한 연구를 통해 초기 사상의 미숙했던 부분을 교정하고 완숙한 사상 체계를 세울 수 있었다.

2. 《근사록》 편찬의 의의

주희는 남송이라는 새로운 왕조를 건립한 선배들의 업적을 기리기 위해 많은 이들의 도움을 받아 그들에 관한 자료를 수집하고자 노력했다. 그 성과 중의 첫 번째가 43세 때 완성한 《팔조명신 언행록》이다. 이 책은 지금 《송명신 언행록》으로 더 잘 알려져 있다. 그리고 두 번째로는 44세 때 쓴 《이락연원록》이 있다. 주희가 잇고 있는 도학 계열의 선배가 아닌 일반 선배들의 언행을 모아 놓은 것이 《팔조 명신 언행록》이라면 《이락연원록》은 선배 도학자들의 전기 자료를 편집한 것이다. 그리고 세 번째 것이 《근사록》이었다. 선배 도학자들 중 주희가 특별히 존경했던 주돈이·정호·정이·장재 등의 문장 중에서 도학의 정수를 표명하고 있는 자료를 뽑아서 편집한 것이 《근사록》이다. 《이락연원록》과 《근사록》은 사매 편과 같아서 전자가 도학의 전기 편이라면 후자는 도학의 사상 편이라 할 수 있다. 특히 《근사록》은 이후 도학의 입문서로서 큰 역할을 하게 되었다.

《근사록》을 함께 편찬한 친구 여조겸(呂祖謙)은 장식과 함께 주희의 학문에 긍정적인 영향을 주었으며 인격적으로도 서로 존경했던 벗이었다. 여조겸은 여러 명의 재상과 걸출한 학자를 많이 배출했던 명문가 출신이었다. 그는 원만한 성격의 소유자로 다양한 성향의 지인들과 교류를 나눈 인물이었다.

명나라 때 왕수인(王守仁, 1472~1529, 호는 양명)이 주창한 양명학의 선구자로 알려진 육구연(陸九淵, 1139~1192)은 당시 주희와 사상적 논쟁을 했던 것으로 유명하다. 여조겸은 육구연과도 교류가 있었기에 주희와 육구연과의 직접 만남을 주선하기도 했다. 주희는 장식·여조겸 등과는 서로의 사상을 긍정적으로 교류하는 입장이었던 것에 비해 육구연과는 이질적인 사상 경향으로 인해 논쟁을 해야 했다. 몇 차례의 논쟁을 거쳐 두 사람은 서로의 학문 경향이 다르다는 것을 확인했을 뿐 누구도 서로에게 동조하지는 않았지만 서로의 학문적 성과에 대해서는 인정하는 모습을 보여 주었다. 주희는 이와 같이 교집합을 많이 가진 사상가나 이질적인 사상가들과의 폭넓은 교류를 통해 자신의 종합적인 성격의 이론을 완성해 갈 수 있었다.

주희는 여조겸과 40여 일 동안 같이 한천정사에 머물면서 《근사록》을 편찬했다. 이 책은 도학의 입문서라 할 수 있다. 주희는 자신의 문하를 떠나 고향으로 돌아가는 한 제자에게 《근사록》을 선물하면서 "이 책을 잘 읽도록 하게. 사서(四書)는 육경(六經)으로 가는 첫 걸음이며 《근사록》은 사서로 가는 사다리와 같다네."라고 말한 바 있다.

주희가 46세에 《근사록》을 냈던 것은 선배 사상가들의 사상을 수용했으나 자기 방식으로 소화한 사실을 반영하는 일이었다. 주자학의 완성자인 주희는 종합의 천재라는 칭호를 듣는다. 그는 선배 사상가들의 사유를 적극적으로 수용해 자신의 체계를 확립했기 때문에 그의 주장에는 반드시 전거가 있었다. 그 체계의 골격을 이룬 사상적 전거는 말할 것도 없이 《근사록》에 인용된 네 명의 학자와 소옹(邵雍, 1011년~1077년)을 포함한 '북송의 다섯 선생'의 이론이다. 이를 기반으로 다양한 유학의 경전을 자기 나름대로 재해석함으로써 송나라라는 새로운 시대의 경전 해석학을 이루었고 동시에 주자학을 확립했던 것이다.

불의와 타협하지 않고 생의 마지막까지 진보를 실천한 사람

주희는 49세에 남강군의 지사가 되어 2년 동안 근무했다. 20대 후반 이후 20여 년 만에 현직의 관직을 맡게 되었던 셈이다. 이 기간 동안에 주희는 학교 제도를 정비하고 장강의 제방을 수축했으며 가뭄 대책 마련에 고심하는 등의 민생 안정과 민심의 교화에 힘을 기울였다. 50대 후반의 주요한 학문직 성과는 《역학계몽(易學啓蒙)》·《효경간오(孝經刊誤)》(57세), 《소학서(小學書)》(58세), 《시집전(詩集傳)》(58세, 개정) 등이다.

또한 주희가 육구연과 '무극태극(無極太極)' 논쟁을 벌인 것도 58세 때의 일이다. 무극태극 논쟁이란 주돈이가 지은 《태극도설》을 둘러싸고 주희와 육구연이 벌인 논쟁이다. 주희는 음양의 두 기와 도(道)를 본질적인 도와 본질의 발현인 음양의 두 기로 나누고, '무극(無極)이면서 태극(太極)인 것을 도(道)이자 리(理)'라고 한 반면에, 육구연은 '무극은 노자 사상에서 나온 말이니 《주역》의 태극이라는 말로 족하다.'고 주장했다. 그러면서 그는 역(易)에서 하나의 음(陰), 하나의 양(陽)이 바로 도라고 했듯이 그것을 형이상학적인 본질인 도=태극과 그의 발현인 음양으로 구분할 수 없다고 주희에 대항했다. 이 논쟁은 결론이 나지 않았지만 육구연의 사상은 명나라 시대에 왕양명에게 영향을 주어 마음이 곧 본질이라는 '심즉리(心卽理)' 사상을 발전시키게 된다.

60대에 접어든 주희는 남송의 정치가인 한탁주(韓侂冑)가 그의 학설

과 행동에 대해 중상모략을 하여 그의 학문을 거짓 학문으로 금지시켜야 한다는 의미에서 '위학(僞學)의 금(禁)'이라 부르는 등 현실 정치가들에게 배척당하게 된다.

60대 이후 주희는 학문에 있어서는 새로운 대상을 추구하기보다는 이전의 성과를 수정하고 보완하는 일과 《예서》의 편집에 주력했다.

주희는 유년기와 소년기에 아버지와 건안의 세 선생으로부터 학문의 기초를 전수받았고, 20세 성인이 된 후에는 이동이라는 스승을 만나 그 학문적 영향을 평생 동안 간직했다. 한편 장식이나 여조겸 등의 학문적 벗이나 육구연과 같은 논적들과 사상 교류를 하면서 자신의 학문을 더 확장하고 단단하게 만들어 갈 수 있었다. 40대 이후의 삶은 수많은 책을 쓰고 학생들을 가르친 나날들이었다고 해도 과언이 아닐 것이다. 60대 이후 정치적 핍박을 받으면서도 공부의 길을 멈춘 적이 없었다.

주희는 50여 년간 네 명의 황제(고종·효종·광종·영종)를 모셨는데, 지방관으로 부임한 시기는 모두 9년, 조정에 부임했던 것은 40여 일에 불과했다. 이는 자기 신념을 배반하고 현실과 타협하지 않았기 때문에 빚어진 결과일 것이다. 그는 자신을 굽히고 현실적 이익을 얻는 선택을 하기보다는 자신이 정의라고 믿는 쪽을 택함으로써 부유하게 살진 못했더라도 많은 제자들을 기를 수 있었고 나아가 한 시대의 획을 긋는 학술 성과를 이루어낼 수 있었다.

주희 연보

1130년(1세)	9월 15일 남건주 우계현(지금의 복건성)에서 출생. 아버지 주송, 어머니 축씨의 삼남.
1134년(5세)	소학에 들어감.
1140년(11세)	아버지 주송이 진회의 화의론에 반대해 정계에서 추방당하여, 일가족이 건안(建安)의 환계정사로 돌아옴. 이때부터 아버지에게 가르침을 받음.
1143년(14세)	3월 아버지 사망. 어머니를 모시고 숭안 오부리로 거처를 옮김. 이때부터 소년기의 스승인 유자휘·유면지·호헌 등 세 선생에게 가르침을 받음.
1148년(19세)	봄, 과거에 합격.
1151년(22세)	이부 임관 시험에 합격해 좌적공랑(종9품)을 제수 받아 천주 동안현 주부(문서 처리 담당직)로 임명됨.
1153년(24세)	여름, 동안현 부임 도중 성년기의 스승 이동을 만남. 7월 동안현 도착. 장남 숙 출생.

1155년(26세)	《근사록》을 같이 편집한 벗 여조겸과의 교우가 시작됨.
1157년(28세)	동안현 주부 임기가 만료되어 10월에 귀향.
1158년(29세)	1월, 이동을 다시 만남. 12월, 사록관(祠錄官)에 임명됨.
1160년(31세)	이동을 세 번째로 만나 수개월간 가르침을 받음.
1163년(35세)	10월, 이동 사망. 11월, 임안으로 가 호남학의 대표자인 장식(張栻)을 만남.
1167년(38세)	9월, 장사로 가 장식을 방문해 2개월간 머뭄.
1168년(39세)	4월, 건주에 기근이 발생하자 곡식을 방출해 기근 구제를 하도록 함. 《정씨유서》 완성.
1169년(40세)	6월, 《태극도설》·《통서》 교정. 9월, 어머니 축씨 사망. 건양에 어머니를 기억하는 한천정사를 세움. 심성론에 관한 정론 확립.
1171년(42세)	숭안 오부리에 사창(社倉) 창립.
1172년(43세)	《팔조명신 언행록》·《논맹정의》 완성. 《통감강목》 일단 완성. 〈중화구설서〉 저술.
1173년(44세)	《이락연원록》, 《정씨외서》 완성.
1174년(45세)	6월, 좌선교랑(종8품), 태주 숭도관의 사록관에 임명. 《고금가례》 완성, 《대학장구》, 《중용장구》(이후 개정 계속), 《대학혹문》, 《중용혹문》 완성.

1175년(46세)	4월, 한천정사를 방문한 여조겸과 《근사록》 편찬. 여조겸의 주선으로 아호사에서 육구연 형제(육구연과 그의 형 육구령. 양명학의 선구자들)와 만나 학문 논쟁을 벌임.
1176년(47세)	봄, 제자 황간 입문. 6월, 비서성 비서랑에 제수됨. 8월, 무이산 충우관을 주관하는 사록관으로 임명. 11월, 부인 유씨 사망.
1177년(48세)	《논어집주》, 《맹자집주》(개정 계속), 《논어혹문》, 《맹자혹문》 완성. 《시집전》 초고 완성.
1178년(49세)	남강군 지사로 임명됨.
1179년(50세)	2월, 육구령(육구연의 형)이 관음사에 있던 주희를 방문. 제자 여대아 입문. 3월, 남강군에 도착. 부임 직후 주돈이의 사당을 세움. 10월, 백록동서원 복원. 《백록동서원게시》 완성. 《태극도설》·《통서》를 재차 교정.
1180년(51세)	2월, 장식 사망. 9월, 육구령 사망. 사록관을 청했으나 허락을 얻지 못함.
1181년(52세)	2월, 육구연이 형의 묘지명 휘호를 부탁하기 위해 옴. 3월, 제거 강남서로상평차염공사에 임명됨. 윤3월, 남강을 떠나 숭안으로 돌아옴. 7월, 여조겸 사망. 8월, 기근이 절동 지방을 덮치자 제거 양절동로상평차염공사(除擧兩浙東路常平茶鹽公事)에 임명되어 임지로 감. 12월, 주희의 사창법을 각 군에 설치하라는 어명이 내림.
1182년(53세)	1월, 소흥부 관할 현과 무주 등을 순시함. 주희와 왕패 논쟁[덕(德)에 의한 왕도 정치와 힘의 논리에 입각한 패도 정치 가운데 무엇이 우선인가 하는 정치적인 논쟁]을 벌였던 진량이 찾아옴. 7월, 탐관오리 당중우를 탄핵함. 8월, 진회의 사당을 무너뜨림. 9월, 임

지를 떠나 숭안으로 돌아옴.

1186년(57세)	3월, 《역학계몽》 완성. 8월, 《효경간오》 완성.
1187년(58세)	4월, 남경 홍경궁 사록관에 임명됨. 초겨울부터 육구연과 '무극 태극' 논쟁을 함. 《소학서》 완성, 《통서해》 간행, 《시집전》 개정 고 완성.
1188년(59세)	2월, 《태극도설해》·《서명해》 간행. 이 달에 병부시랑 임율과 《주역》·《서명》을 논의했는데 서로의 의견이 맞지 않았음. 이후 임율이 주희를 탄핵하는 일이 있었음.
1189년(60세)	2월, 광종 즉위. 〈대학장구서〉를 씀. 3월, 〈중용장구서〉를 씀. 윤5월, 조산랑(정7품)으로 임명됨. 11월, 장주 지사로 임명.
1190년(61세)	장주에 부임해 경계법에 관해 상소함. 10월, 장주에서 사경과 사서를 간행함. 11월, 진순 입문. 《주역본의》(이후 개정 계속).
1192년(63세)	12월 육구연 사망.
1194년(65세)	5월, 장사에 부임해 악록서원을 복구함. 7월, 영종 즉위. 8월, 영종의 명으로 임안으로 떠남. 9월, 임안에 도착해 45일간의 궁 중 근무 시작. 10월, 조청랑(정7품)을 제수 받고, 환장각대제 겸 시강으로 임명. 11월, 내임을 박탈당하고 귀향하던 중 옥산에서 강연(옥산강의)하고, 24일 고정으로 돌아옴. 이 해 진량 사망. 《의 례경전통해》 편찬 착수.
1195년(66세)	3월, 조봉대부(종6품)로 승격됨. 12월, 비각수찬의 직명을 지 닌 채 제거남경홍경궁에 임명됨. 이 무렵부터 '위학의 금'이 시작됨.

1196년(67세)	12월, 감찰어사 심계조(沈繼祖)의 탄핵으로 비각수찬의 직명을 박탈당하고 사록관에서 파면됨.
1197년(68세)	《한문고이》 완성, 《주역참동계고이》가 완성되었을 것으로 추정됨.
1198년(70세)	관직생활 은퇴. 《초사집주》 완성.
1200년(72세)	3월 9일, 건양 고정에서 병으로 사망. 11월, 건양현 당석리 대림곡에 묻힘.